KB167658

지그문트 바우만, 소비사회와 교육을 말하다

On Education

지그문트 바우만,

소비사회가 잠식하는
인간적인 삶에 대하여

소비
사회와
교육을
말하다

지그문트 바우만 · 리카르도 마체오 지음
나현영 옮김

현암사

지그문트 바우만, 소비사회와 교육을 말하다

소비사회가 잠식하는 인간적인 삶에 대하여

초판 1쇄 발행	2016년 2월 2일
초판 4쇄 발행	2021년 12월 1일

지은이	지그문트 바우만
옮긴이	나현영
펴낸이	조미현

편집주간	김현림
책임편집	강가람
디자인	나윤영

펴낸곳	(주)현암사
등록	1951년 12월 24일 · 제10-126호
주소	04029 서울시 마포구 동교로12안길 35
전화	02-365-5051
팩스	02-313-2729
전자우편	editor@hyeonamsa.com
홈페이지	www.hyeonamsa.com

ISBN 978-89-323-1776-2 03330

이 도서의 국립중앙도서관 출판시도서목록(CIP)은
서지정보유통지원시스템 홈페이지(http://seoji.nl.go.kr)와
국가자료종합목록시스템(http://www.nl.go.kr/kolisnet)에서
이용하실 수 있습니다.(CIP제어번호 CIP2016001494)

차
례

1

혼성 애호와
혼성 혐오 사이

리카르도 마체오 거의 2년 전, 선생님과 제가 처음 교육에 대한 이야기를 하기로 했던 그날을 떠올리며 대화를 시작해보겠습니다. 2009년 11월 리미니에서는 '통합교육의 질The Quality of School Inclusion'을 주제로 저희 에릭슨 출판사가 주관하는 학술 대회가 열릴 예정이었습니다. 선생님께서는 대회장에 모인 4,000여 명 앞에 서겠다는 선물 같은 결심을 해주셨죠. 하지만 야니나 사모님의 건강이 심히 악화되는 바람에 결국 참석을 못 하시고 말았습니다. 대신 저와 카메라맨 한 명이 선생님을 방문해 약 20분 분량의 귀중한 강연을 테이프에 담을 수 있었어요.

그때 선생님께서는 오늘날의 교육이 위기를 맞았다고 말씀하셨습니다. 이는 매우 특별한 위기입니다. 아마 우리는 사람들 사이의 차이가 좁혀지지 않음을 실감하고, 보편적 모델의 부재가 계속될 것임을 실감하는 현대사 최초의 세대일 것이기 때문입니다. 외국인과 더불어 살며, 타자에게 노출되는 일은 전혀 새롭지 않습니다. 그러나 과거에는 그 '이방인'들이 곧 '차이'를 잃고 보편적 가치, 실은 우리의 가치를 받아들여 동화되리라는 믿음이 있었습니다. 그러나 오늘날의 사정은 바뀌었습니다. 다른 나라로 이주한 사람들은 더 이상 현지인처럼 되고 싶어 하지 않고, 현지인 또한 이들을 동화시킬 마음이 없습니다.

혼성 애호와 혼성 혐오 사이

그렇다면 180여 개에 달하는 디아스포라 집단이 서로 다른 언어를 말하고 서로 다른 문화와 전통을 고수하는 런던 같은 도시에서는 무슨 일이 벌어질까요? 이것은 더 이상 '관용tolerance'의 문제가 아닙니다. 관용은 차별의 또 다른 이름이기 때문입니다. 우리 앞에 놓인 더 높은 차원의 도전은 '연대solidarity'를 만들어내는 것입니다.

오늘날 도시에서 벌어지는 현상에는 두 가지 상반된 반응이 존재합니다. 혼성 혐오mixophobia와 혼성 애호mixophilia, 즉 외국인과 관계 맺는 것에 대한 전형적인 혐오와, 낯설고 자극적인 환경에 있기를 즐기는 감정이 그것입니다. 이 상충하는 두 경향이 지닌 힘은 거의 비등합니다. 때로는 혼성 혐오가, 때로는 혼성 애호가 우세한 듯 보이죠. 어느 쪽이 승리하게 될지는 모릅니다. 하지만 상호연결되고 상호의존적인 세계화 시대에 거리에서, 초중등학교에서, 공공장소에서 타인을 만나 어떻게 행동하느냐는 우리가 살고 있는 장소뿐 아니라 전 세계의 미래에 지극히 중대한 영향을 미칩니다.

아시다시피 저희 출판사는 이탈리아의 초중등학교에서 통합교육을 달성하기 위해 25년 이상 힘써왔습니다. 우리는 특수 아동까지 포함해 모든 아동을 한 교실에서 교육하는 것이 아이들이 혼성 애호를 받아들이게 하는 최상의 훈련이라 확신합니다. 이러한 도전이 두렵지 않은 또 다른 이유는 이탈리아가 거의 40년 동안 완전 통합교육을 실시한 유일한 나라기 때문입니다. 그러나 통합은 결코 단 한 번도 완전히 이루어진 적이 없으며, 다른 한편으로 일부 이탈리아 정치인들은(이탈리아 전 총리 베를루스코니Silvio Berlusconi의 말을 인용하자면) "공산주의자 교사들이 우리가 부모로부터 물려받은 가치와 전혀 다른 이념을 아이들에게 전파하고 있다."라는 말로 공교육을 깎아내리려 하고 있습니다.

선생님께서는 키스 테스터Keith Tester와 함께 집필한《지그문트 바우만과의 대화Conversations with Zygmunt Bauman》(2001)에서 "문화는 미래로 찔러 넣은 칼"이라는 조지 산타야나George Santayana의 말을 인용하며, 문화를 "영구 혁명permanent revolution"이라 정의하셨습니다. 교육에는 지식뿐 아니라 비판적 사고도 포함되어야 한다고 생각하시나요?

지그문트 바우만 당신 말에 하나도 뺄 말이 없군요, 리카르도 편집자님. 보탤 말도 별로 없고요! 현대 이방인의 존재를 다루는 초기 방식이었던 개종과 동화는 다중심의 다문화 세계라는 오늘날의 환경에서는 잘 일어나지 않는다는 말씀에 전적으로 동의합니다. 이방인들과 더불어, 그리고 그들의 차이와 더불어 사는 법을 영구히 또 나날이 발전시키고 배우고 실천하는 일이 반드시 필요한 이유가 하나 더 있습니다. 주 정부가 아무리 강경히 막으려 해도 타국의 문을 두드리는 이주의 물결은 멈추지 않을 것이며 타국의 문 또한 계속 닫혀 있지는 않을 것이기 때문입니다.

"유럽에는 이민자가 필요합니다." 유럽진보연구재단FEPS 의

혼성 애호와 혼성 혐오 사이

장 마시모 달레마Massimo D'Alema의 말입니다. 그는 2011년 5월 10일 자《르몽드Le Monde》에서, 그의 말을 빌리자면 "유럽에서 가장 왕성히 활동 중인 두 방화광"인 베를루스코니 및 사르코지Nicolas Sarkozy와 직접 논쟁하던 도중 단도직입적으로 이렇게 말했습니다. 달레마의 결론은 간단한 셈만으로도 얼마든지 입증됩니다. 오늘날 유럽에는 약 3억 3,300만 명의 인구가 살고 있지만 (유럽 전역에서 계속 감소하고 있는) 현 출생률로 보아 40년 후 2억 4,200만 명까지 줄어들 것으로 예상됩니다. 이 간격을 메우려면 최소 3,000만 명의 이주자들이 필요해요. 이들이 없으면 유럽 경제와 소중히 유지해온 생활수준은 붕괴하고 말 것입니다. 달레마는 "이민자는 위험이 아닌 자산"이라는 말로 끝을 맺습니다. 따라서 이주자의 유입으로 촉발되기 마련인 문화적 이종교배métissage가 불가피해지죠. 서로 뒤섞인 문화적 자극들은 다른 문명에서처럼 유럽 문명에도 풍요의 원천이자 창조의 동력이 됩니다. 그렇지만 풍요와 문화 정체성의 상실을 가르는 것은 종이 한 장 차이예요. 토착민autochthon과 외래인allochthon의 동거로 문화유산이 침식되는 일을 막으려면 유럽의 '사회계약'에 내재된 원리를 존중하는 것에서부터 출발할 필요가 있습니다. 여기서 핵심은 이 성문화되지 않고 서명도 없는 계약을 존중할 필요가 쌍방 모두에게 있다는 점입니다!

하지만 어떻게 이런 존중을 얻어낼 수 있을까요? 사람들은 '새 유럽인'의 사회적, 시민적 권리를 인정하는 일에 몹시 인색하고 이를 주저하며 그 과정은 지난하기만 합니다. 예컨대 이민자는 현재 이탈리아 국민총생산GNP의 11퍼센트를 차지하지만 이탈리아 선거에서 투표권을 갖지 못해요. 게다가 국민 총생산 및 국가 복지에 활발히 기여하면서도 비자가 없거나 위조 서류로 체류하고 있는 이주자들 수는 파악조차 안 되고 있죠. 달레마는 다소 과장된 질문을 던집니다. "유럽연합은 유럽 인구 상당수의 정치적, 경제적, 사회적 권리가 이렇게 부정당하도록 놔두면서 민주적 원리가 훼손되지 않길 바라는 것인가?" 한편 시민의 권리를 얘기할 때 시민의 의무에 관한 얘기를 빼놓을 수 없습니다. 이주자들이 원칙상 '유럽의 사회계약에 내재된 원리'들을 포용, 존중, 지지, 옹호하리라 기대하는 이유가 하나 더 늘어나는 셈이죠. 그러나 유럽 정치인들은, 이민자들이 토착민의 기준에 '통합'되기를 꺼린다는 사실, 또는 꺼릴 것이라는 추정을 들어 이들을 비난합니다. 선거에서 표를 얻기 위해서죠. 하지만 정작 자신들은 외래인들이 지키지 못할 기준을 만드느라 여념이 없으며 그보다 더한 일까지 공약으로 내걸고 있죠. 그 과정에서 자신들이 외래의 침입으로부터 지킨다고 주장하는 바로 그 기준을 욕보이고 훼손하면서요.

유럽의 미래에 그 무엇보다 중요해 보이는 가장 큰 문제이자 딜레마가 있습니다. 충돌하는 두 '사실' 중 최종으로 (그러나 머지 않은 미래에) 승리를 거두는 쪽은 어느 쪽이 될까요? 급속히 고령화되는 유럽에서 이민자는 지금껏 극소수의 정치인들만이 용감하게 내건 공약대로 구조자의 역할을 하게 될까요? 아니면 권력의 교사와 방조로 팽배해진 외국인 혐오의 정서가 선거 때마다 열렬히 재활용되게 될까요? 정부의 공식 발언과 여론조사에서는 후자의 경향이 드러납니다. 하지만 일상적 습관 및 삶의 배경과 논리의 밑바닥에서부터, 느리지만 거역할 수 없이 일어나는 '물밑' 변화는 정반대의 방향을 가리키고 있는 듯합니다.

독일 녹색당은 바덴뷔르템베르크 주 지방 선거에서 눈부신 성공을 거두었습니다. 사민당을 제치고 독일연방공화국 역사상 최초로 녹색당 출신인 빈프리트 크레치만Winfried Kretschmann을 주총리 자리에 앉혔으니까요. 다음 순서로 독일 녹색당과 녹색당 유럽의회 의원 다니엘 콘벤디트Daniel Cohn-Bendit는 빠르면 2013년, 베를린의 독일 총리공관이 녹색당 차지가 될 가능성을 점치기 시작했습니다.▪

녹색당의 이름으로 새 역사를 쓸 이는 누가 될까요? 콘벤디트는 주저 없이 쳄 외즈데미어Cem Özdemir를 꼽습니다. 칭송과 존경을 널리 받고 있는 이 예리하고 명석하고 정력적이며 카리스마

▪ 2013년 9월 22일 치러진 독일 총선거에서는 기독교민주당-기독교사회당 연합(기민련)의 앙겔라 메르켈이 총리에 당선되었다. 당별 득표율을 살펴보면 기민련 41.5퍼센트, 사회민주당 25.7퍼센트, 좌파당 8.6퍼센트, 녹색당 8.4퍼센트를 기록했다.(편집자 주)

지그문트 바우만, 소비사회와 교육을 말하다

넘치는 인물은 수개월 전 녹색당원 투표에서 88퍼센트의 지지율로 공동대표에 재선되었습니다. 그는 원래 터키 국적을 갖고 있었어요. 이미 독일 및 유럽 정치에 깊이 몸담고 있던 이 젊은이는 18세가 되자 독일 시민권을 선택하게 됩니다. 영국으로 입국하거나 이웃 프랑스 국경을 넘으려 할 때마다 터키 국적이 걸림돌이 된 까닭이죠. 사람들은 궁금해합니다. 오늘날 유럽의 앞날을 보여줄 미래의 사자使者는 누가 될까요? 유럽에서 가장 왕성히 활동 중인 두 방화광들일까요, 아니면 다니엘 콘벤디트일까요? 예언자도 아닐뿐더러, 역사는 인간에 의해 만들어지며 그 전엔 존재하지 않는다고 믿는 사람으로서 이 질문에 답하기가 어렵군요. 그러나 현재를 살고 있는 우리는 모두 이 질문에 말과 행동으로 답해야 할 것입니다. 우리의 선택이 바로 그 답이 되겠죠.

나는 40년 넘게 영국 리즈에 살면서 창밖으로 인근 중등학교에서 하교하는 아이들의 모습을 보았습니다. 혼자 걷는 아이들은 잘 없어요. 다들 친구들과 삼삼오오 어울려 걷기를 좋아하죠. 이런 습성은 바뀌지 않습니다. 하지만 창밖으로 보이는 풍경은 세월에 따라 바뀝니다. 40년 전엔 거의 모든 아이들이 '같은 피부색'끼리 어울려 다녔다면 요즘 그런 모습은 좀처럼 보기 힘들죠.

혼성 애호와 혼성 혐오 사이

2

주제 사라마구와
기쁨을 찾는 법

리카르도 마체오 선생님께서는 유럽의 '사회계약'이 진정한 효력을 가지려면 토착민과 외래인 쌍방의 존중이 필요하다고 말씀하셨습니다. 그러나 곧 이어진 지적대로 유럽 정치인들은 이민자들이 '통합'에 필요한 기준에 도달할 가능성마저 빼앗는 책략을 부리고 있죠. 선생님 말씀을 들으니 포르투갈 소설가 주제 사라마구José Saramago가 타계하기 며칠 전 친구들에게 했다는 말이 떠오르는군요. 그는 정부와 시민 모두 경제 위기에서 벗어나기 위해 무엇이 필요한지 알고 있지만 이를 실행하기는 쉽지 않다고 말했습니다. 우리는 행동하고 싶어 하지 않습니다. 우리의 삶을 바꾸려면 삶의 방식을 바꿔야 하는데, 우리는 그것을 보통 내가 아닌 타인에게 요구하기 때문이죠. 사라마구가 절대적으로 우선시한 것은 인간, 즉 나와 같으며 '나(I)'라고 말할 권리가 있는 타자입니다.

사라마구는 2009년 7월 17일에 쓴 마지막 일기에서 우리의 가계도에는 아버지 대든지 아버지의 아버지 대에든지 이민자의 혈통이 섞여 있다고 적고 있습니다. 많은 포르투갈인들이 스페인에서 비다소아 강을 건너 그들이 낙원이라 여겼던 프랑스 땅으로 가려다 물에 빠져 죽었습니다. 살아남아 뭍에 오른 이들은 험한 일을 하며 굴욕을 견디고, 낯선 말을 배우고, 사회적 고립을 감내해야 했죠. 그러나 이들은 긍지를 갖고 후손들의 미래를 일구어나갔어요. 이들 중 몇몇은 어려웠던 시절의 기억을 잃지 않았고, 잃고 싶어 하지도 않았습니다. 감사를 받아 마땅한 사람들이죠. 과거를 잊지 않은 덕분에 타인을 존중하는 마음을 간직하고 있으니까요. 반면 대다수의 사람들은 무지하고 가난했던 과거에 부끄러움을 느끼며, 제대로 된 삶이란 오직 자기 명의로 첫 차를 구입하던 찬란한 그날로부터 시작되는 양 행동합니다. 과거에 착취되었으나 그것을 망각한 사람은 다른 사람들을 착취하게 될 것입니다. 또 과거에 멸시당했으나 그것을 망각한 척하는 사람은 오늘날 똑같은 짓을 저지르게 될 것입니다.

그리고 여기 그들이 함께 모여 비다소아 강둑에 다다른 사람들에게 돌을 던지고 있습니다. "진실로 말하건대 세상에는 단순히 증오하는 데서 기쁨을 찾는 법도 있다." 사라마구의 일기는 이렇게 끝이 납니다.

선생님과 사라마구는 이 세계의 미래를 비관한다는 비난을 간혹 받아왔습니다. (사람들이 선생님께서 세계를 구원하기 위한 선결 조건들을 말하고 있음을 이해하지 못하기 때문이라고 생각합니다.) 그러나 제가 알기로 사라마구는 숨을 거두기 전까지 '의무헌장'의 초안을 쓰고 있었습니다.▪ 이런 문서를 기초하는 행위는 '신뢰'라는 단어를 포함하지 않고는 설명이 불가능해 보입니다. 그리고 선생님께서 보내주신 첫 답장의 마지막 문장 역시 신뢰로 가득한 아름다운 시구 같았고요.

지그문트 바우만, 소비사회와 교육을 말하다

지그문트 바우만 우리 세계-내-존재의 암울하고 슬픈 측면들을 떠올리게 만드시는군요. 아아, 그리고 이번에도 당신 말이 옳습니다. "과거에 착취되었으나 그것을 망각한 사람은 다른 사람들을 착취하게 될 것입니다. 과거에 멸시당했으나 그것을 망각한 척하는 사람은 오늘날 똑같은 짓을 저지르게 될 것입니다." 희생자가 인간성의 박탈을 겪는 대신 고결함을 얻는 사례를 찾고 있습니다만 아직껏 그런 사례는 없었습니다. (나의 아내 야니나는 직접 겪은 끔찍한 경험들을 통해 비인간적 조건에서 인간으로 남아 있기란 가장 어렵고도 용기가 필요한 일이라 결론지은 바 있습니다.)▪▪ 고통을 겪은 기억은 ─ 직접 겪은 기억이 아니라 오늘날 두드러진 현상처

▪   주제 사라마구는 "'권리장전(Bill of Rights)'은 있는데 왜 '의무헌장(Charter of Human Duties)'은 없는가?"라는 질문을 던지며 관용과 연대를 인간의 기본적 의무로 천명하는 의무헌장을 작성해야 한다고 역설했다.

▪▪ 지그문트 바우만의 아내 야니나 바우만 (Janina Bauman, 1926~2009)은 유대인계 폴란드인으로 1939년 히틀러의 폴란드 침공 당시 가족들과 함께 바르샤바 게토에 수감되었다. 후일 어린 소녀가 게토에서 겪었던 인간 상실의 경험이 담긴 자전적인 글 《겨울 아침(Winter in the Morning)》(1986), 《그 벽 너머(Beyond These Walls)》(2007) 등을 발표하기도 했다.

주제 사라마구와 기쁨을 찾는 법

럼 인위적이고 간접적인 기억이라 해도 — 우리를 보다 너그럽고 친절하게, 또는 타인의 고통에 민감하게 만들지 못합니다. 반대로 희생자의 후손들이 가해자의 후손들에게 똑같이 잔인해지도록 할 뿐이죠. 고통받은 기억은 스스로의 무감각이 선지불되었다는 영수증이자 스스로의 비인간적 행위를 용인하는 백지수표인 셈입니다. 폭력과 비인간적 행위, 굴욕과 희생자화(化)는 그레고리 베이트슨이 '분열생성의 고리'라 부른 악순환을 촉발합니다. 이 고리는 고르디우스의 매듭처럼 당신이 아무리 예리한 검을 휘두른다 해도 좀처럼 풀리거나 잘리지 않죠. 사라마구는 그의 소중한 조국 포르투갈의 사례에 주목했지만, 포르투갈에서 일고 있는 외국인 혐오xenophobia의 물결은 예외가 아니라 일반적 현상입니다. 일단 노동력 수입국이 되고 나면 전에 노동력을 수출했던 (아일랜드, 이탈리아, 프랑스, 스웨덴, 노르웨이, 덴마크, 네덜란드 같은) 나라들은 거의 모두 같은 경향을 드러내거든요. 우리는 코펜하겐에서 로마까지, 파리에서 프라하까지 번지는 신부족주의neo-tribal 감정의 물결을 지금까지는 속수무책으로 지켜보고만 있을 뿐입니다. 이 감정은 '성문 밖의 적'과 '제5열'▪에 대한 경계와 공포가 고조됨에 따라 확대되고 강화되며, 국경이 봉쇄되고 문호가 굳게 닫히는 경향이 급격히 증가함과 동시에 나타나는 '포위된 요새' 심리를 낳습니다.

- 제5열(fifth column): 1936년 스페인 내전 당시 파시스트 반란군을 이끌던 에밀리오 몰라(Emilo Mola) 장군이 4개 부대를 이끌고 마드리드로 향하며 "마드리드 내부에 우리를 도울 제5의 부대가 있다."라고 말한 데서 유래했다. 국가 또는 포위된 요새 내부에서 적과 내통하여 전복을 꾀하는 집단을 일컫는 말로 '성문 안의 적'이라고도 할 수 있다.

주제 사라마구와 기쁨을 찾는 법

3

그레고리 베이트슨의
교육 3단계

리카르도 마체오 베이트슨의 '분열생성의 고리'를 언급해주셔서 감사합니다. 선생님께서는《소비자 사회에 윤리가 설 자리는 어디인가Does Ethics Have a Chance in a World of Consumers?》(2008)에서 이 개념을 탁월하게 설명한 바 있으시죠. 저도 베이트슨의《마음의 생태학Steps to an Ecology of Mind》을 감명 깊게 읽었습니다. 미국의 심리학자 리처드 코프Richard Kopp는 이 책을 바탕으로《은유 치료 : 내담자가 만든 은유를 이용한 심리 치료Metaphor Therapy : Using Client-Generated Metaphors in Psychotherapy》를 썼고, 저는 1998년 코프의 책을 이탈리어어로 옮기고 편집하며 상담가로서의 활동에 큰 도움을 받았습니다. 은유가 가진 '연결 구조'의 원리는 선생님의 글에 담긴 훌륭한 은유들로 생생히 입증되며, 베이트슨의 생애가 그의 이론에 큰 영향을 미쳤다는 사실 또한 선생님을 떠올리게 합니다. 선생님께서는 1968년 파란만장한 일들을 겪은 뒤 영국 리즈에서 두 번째 인생을 시작하셨죠.■ 그리고 30년 후 프라하에서 열린 명예박사 학위 수여식에서는 야니나의 충고대로

■ 유대인계 폴란드인이었던 바우만은 1968년 공산당이 주도한 반유대 캠페인의 절정기에 교수직을 잃고 폴란드 국적을 박탈당한 채 조국을 떠나게 된다.

그레고리 베이트슨의 교육 3단계

"모든 인간은 형제가 되노라."라는 내용의 유럽연합 국가國歌를 택하셨어요. 영국 국가도 폴란드 국가도 거부하셨던 이유는 영국에서 선생님은 "어떤 점에서 여전히 외국인"이었고, 폴란드는 선생님에게서 "폴란드 시민권을 박탈했기 때문"이죠. 이 일화는 베네데토 베키Benedetto Vecchi와의 대담집《정체성Identity》(2004)에서도 언급되며,《액체 근대Liquid Modernity》(2000)의 마지막 장에서는 뿌리 뽑혔기에 새로운 세계를 배워야 하는, 고통스럽지만 생산적인 조건을 다루고 있습니다.■ 사르트르Jean Paul Sartre의 말처럼 중요한 것은 "타자에 의해 만들어진 나"가 아니라 "타자에 의해 만들어진 나로 무엇을 하느냐"니까요.

　그레고리 베이트슨■■의 아버지이자 유전학의 아버지로도 유명했던 윌리엄 베이트슨William Bateson은 괴팍한 사람이었습니다. 그레고리가 아직 어릴 무렵 큰형이 제1차 세계대전에서 전사했습니다. 당시로서 그리 드문 일은 아니었죠. 그러나 그레고리가

■　《액체 근대》의 마지막 장인 '보유 : 글쓰기와 사회적 글쓰기에 관하여'에서 바우만은 하나 이상의 고국에 속하는 사람들, 하나 이상의 언어 세계를 돌아다니는 망명자들이야말로 규칙을 깨고 창조와 발견을 통해 인간 세상에 선물을 안기는 사람들이라고 말했다.
■■　그레고리 베이트슨(Gregory Bateson, 1904~1980): 영국의 인류학자로 인공두뇌학, 유전학, 정신의학, 병리학, 생태학 등 20세기 다양한 학문 분야에 영향을 미쳤다.

18살이 되던 해, 둘째 형 마틴마저 자기 손으로 목숨을 끊는 일이 벌어집니다. 그것도 큰형의 생일날에요. 아들들이 천재로서 자신의 명성을 잇길 바랐던 아버지의 바람은 유일하게 남은 아들 그레고리에게 고스란히 쏠리게 됩니다.

　그레고리 베이트슨은 아버지처럼 되지 않으려 애썼지만 생물학에 끌리는 마음을 버리지 못했어요. 이런 양가감정이 후일 정신의학계를 뒤바꾼 접근법인 '이중구속'***의 발견을 도왔는지 모릅니다. 그레고리 내면의 심리적 갈등은 뉴기니의 이아트물 족 사이에서 일어나는 분열생성을 발견하도록 이끌었어요. 또 분열생성이 유일한 선택지가 아님을 깨닫기도 했죠. 인도네시아 발리에서의 연구는 이 모델이 그곳에서는 통용되지 않음을 보여주었으니까요. 그러나 분열생성 과정은 베이트슨이라는 인물 내면으로 뻗어가 사적 관계에까지 모습을 드러냈으며(그는 마거릿 미드와 이혼하고도 두 번을 더 재혼했습니다.), 그의 문화와 정치

둘째 형의 죽음 뒤에는 과학자가 되기를
바랐던 아버지와 시인이 되고 싶어 했던
둘째 형 사이의 갈등이 있었다. 그레고리를
연구한 학자들에 의하면 두 형의 죽음은
그의 일생에 큰 어둠을 드리웠다고 한다.
1936년 미국의 유명한 문화인류학자 마거릿
미드(Margaret Mead)와 결혼해, 후일 역시
인류학자가 된 메리 캐서린 베이트슨(Mary
Catherine Bateson)을 낳았다.

에 대한 관심은 줄곧 이 과정을 중심축으로 삼고 있습니다. 그레고리 베이트슨의 통찰로 가득한 연구에 우리 모두 감사해야 마땅합니다만, 그와 아버지 사이의 골치 아픈 관계를 언급하는 것으로 우리 대화의 주인공인 아동과, 이 유동하는 시대에 더더욱 어려워지는 아동 교육이라는 임무에 관한 이야기를 시작해볼까 합니다.

지그문트 바우만 베이트슨은 지난 세기 가장 명석하고 창의적이며 독창적인 인류학자 중 한 명이라고 생각합니다. 그가 만든 '분열생성의 고리'▪라는 개념은 대칭과 보완이라는 두 개의 서로 다른 범주로 나뉩니다. 대칭적 분열생성이란 예컨대 군비경쟁에

▪▪▪▪ 이중구속(double bind): 그레고리 베이트슨이 1950년대 제시한 이론으로, 한 개인이나 집단이 상호 모순되는 메시지를 동시에 받음으로써 아무런 행동도 취할 수 없어지는 딜레마를 일컫는다. 예컨대 어머니가 아이에게 무언가를 말하고, 동시에 그것을 부정하는 듯한 몸짓을 하면 아이는 이중구속의 혼란스러운 상황에 빠지게 된다. 이런 이중구속이 장기적이고 반복적으로 이루어지면 조현병(인격 분열 증상)을 유발한다는 것이 베이트슨의 가설이다. 그의 이론은 가족 내에서 발생하는 이중구속으로 인한 조현병 분석에 큰 영향을 미쳤다.

서처럼 대립하는 쌍방이 상대방보다 '한발 앞선one-upmanship' 입장에 서려는 것을 말하며, 보완적 분열생성이란 지배와 복종의 경우처럼 갈등을 겪고 있는 쌍방의 태도가 서로 반대되면서도 서로를 강화하는 경우, 어떤 입장이 공고해질 때마다 정반대 입장을 강화하거나 가중시키는 경우를 말하죠. 뉴기니의 현장 연구 경험에서 얻은 개념이긴 하지만, 이 개념은 모든 종류의 인간 상호작용 내 경쟁적 행동의 동역학을 밝히는 데 크게 기여했으며, 결코 '원시' 문화 또는 일대일 상황, 대면 상황에 국한되지 않습니다.

우리의 주제와 보다 밀접한 관련이 있는 베이트슨의 귀중한 업적이 하나 더 있는데, 바로 교육의 3단계를 구분한 것입니다. 1차 학습은 정보를 전달해 암기시키는 단계입니다. 그다음 단계인 2차 학습은 앞으로 습득하거나 접하게 될 정보를 흡수하고 통합하는 '인식 틀cognitive frame'을 익히는 것을 목표로 합니다.

- 분열생성의 고리(schismogenetic chains): 분열생성의 개념을 간단히 설명하면, A의 행동이 B의 행동에 영향을 미치고, A의 행동에 대한 B의 반응은 또 A의 행동에 영향을 미치며, 이것이 또 B의 행동에 영향을 미친다고 할 때, 이 과정이 반복되면 A와 B 사이에는 악순환이 생겨난다. 베이트슨은 이것을 다시 대칭적 분열생성과 보완적 분열생성으로 구별했다.

또한 지배적 인식 틀을 해체하고 재배열하거나, 요소들을 대체하는 일 없이 완전히 제거해버리는 능력을 부여하는 3차 학습이 있습니다. 베이트슨에게 이 3차 학습은 병리적이며, 사실 반교육적인 현상으로 여겨졌어요(당시는 에릭 에릭슨Erik Erikson이 유동하는 정체성을 심리학적 질병으로 보던 때였으니까요). 하지만 이후 기억이 두뇌에서 전자디스크로, USB로, 서버로 이전되며 베이트슨이 나눈 세 단계 중 첫 번째가 쓸모없어진 반면, 건강한 조직이라기보다 암 세포 취급했던 것들은 교수·학습 과정의 규범으로 탈바꿈했습니다(정체성의 위상에서 일어난 역전과도 유사하죠).

　이것이 교육 환경에서, 그리고 어쩌면 방법론에 있어서 가장 주목할 만한 분기점 중 하나라고 생각합니다. 지식의 의미 자체와 지식의 생산, 분배, 습득, 흡수와 활용의 방식에서 말이죠. 우리 대화에서 이 주제는 몇 번이고 다시 등장할 것입니다.

지그문트 바우만, 소비사회와 교육을 말하다

4

닫힌 마음을 열고
'영구 혁명'으로

리카르도 마체오 이탈리아에서 학교 교육을 다룬 책이 베스트셀러 1위에 수개월간 머문 것은 이례적인 일입니다. 파올라 마스트로콜라Paola Mastrocola의 《우리는 우리 길을 간다 : 공부하지 않을 자유에 관한 에세이Togliamo il disturbo, Saggio sulla libertà di non studiare》(2011)˙가 바로 그 책인데요. 고등학교 교사이자 유쾌한 소설가이기도 한 저자는 이 책에서 돈 밀라니˙˙와 잔니 로다리˙˙˙를 비판합니다. 이탈리아에서 돈 밀라니는 사회적 혜택을 받지 못해 학업 성취도가 낮은 아동을 위한 교육의 중요성을 처음 강조한 사람으로 유명합니다. 한편 잔니 로다리는 창조성과 놀이를 통한 학습의 중요성을 주장했죠. 마스트로콜라는 더 나아가 이탈리아의 가장 저명한 언어학자이자 전 교육부 장관 툴리오 데

˙   현직 교사인 파올라 마스트로콜라가 이탈리아 교육의 현주소를 비판하며 교육에 관한 소신을 솔직히 밝힌 책으로 이탈리아 사회에 큰 반향을 일으켰다. 여기서 저자는 의무교육 연한을 줄이고 학업에 흥미가 없는 학생들에게 공부를 선택하지 않을 자유를 허락해야 하며, 취업 및 직무 수행과 크게 관련 없는 지식을 전달하는 과목들을 축소해야 한다고 주장한다.

닫힌 마음을 열고 '영구 혁명'으로

마우로Tullio De Mauro가 구상한 '실천적이고 구체적이며 직접 적용 가능한 지식' 중심의 교육까지 비판하고 나섭니다. 그렇다면 마스트로콜라가 말하는 이상적인 학생은 누구일까요? 그것은 바로 25명의 학생들 중, 그녀가 질문했을 때 "교사가 한 말을 토씨 하나 틀리지 않고 따라하는" 단 한 명입니다. 마스트로콜라의 책은—페이스북과 갖가지 일시적 유행에 빠진 아이들을 보고 있자니 진절머리가 나는—교사 및 학부모들의 불만을 제대로 짚어주었습니다. 하지만 이 책이 이토록 좋은 반응을 얻었다는 사실이 개인적으로는 많이 놀랍습니다.

마스트로콜라는 100만 명의 교사들이 최선을 다해 교육에 헌

■■ 돈 밀라니(Don Milani, 1923~1967): 본명은 로렌초 밀라니 콤파레티(Lorenzo Milani Comparetti). 이탈리아의 신부로 빈곤층 아동 교육에 평생을 바쳤다. 그의 책《교사에게 보내는 편지(Lettera a una professoressar)》(1967)는 부유층 아동에게 혜택이 쏠리는 제도 교육의 불평등 문제를 비판해 현대 이탈리아 교육에 큰 영향을 미쳤다.

■■■ 잔니 로다리(Gianni Rodari): 이탈리아의 아동문학가로 1970년 국제안데르센상을 수상했다. 주입식 교육이 아닌 창조적 교육의 중요성을 강조했으며, 상상력을 발휘해 이야기를 엮는 방법에 관한 책《상상의 문법(Grammatica della fantasia)》(1973)을 썼다.

신하는 학교 교육의 현장을 온실로 취급해버립니다. 이곳에서 학생들의 일과란 그저 일련의 개념들을 삼켰다가 뱉어내는 것일 뿐이죠. 이런 입장의 바탕에 이중의 단순화가 깔려 있다고 생각해요. 먼저 저자는 ― 학생들이 자기 수업 내용을 암기했으면 하는 (이탈리아에서 가장 보편적으로 칭송받는 시인 타소Torquato Tasso를 가르친다 해도 쉽게 이루어지지 못할) 소망을 품었다가 좌절한 교사로서 ― 유일한 해결책은 그녀의 기준에 미치지 못하는 학생들을 죄다 내쫓는 것이라는 결론에 도달합니다. 두 번째 단순화는 독자들에 의해 이루어집니다. 자녀를 가르치려는 노력이 실패로 돌아가는 것에 신물이 난 이들은 신속하고 명쾌한 조치를 취하고 싶어 하죠.

지그문트 바우만 고대 그리스 현인들은 '파이데이아'■라는 개념을 만들어냈어요. '평생교육'이라는 개념이 (의미상 서로 양립할 수 없는 말을 사용한) '모순어법'에서 ('버터 맛 버터', '금속성 철'같이 동의어를 반복하는) '용어법'이 된 것은 그로부터 2,000년 이상이 흐른 뒤입니다. 이 놀라운 변천은 최근 몇십 년 사이에 발생했죠. 교

■ 파이데이아(*παιδεία*): 좁은 의미로 아동의 양육, 넓은 의미로 이상적 인간을 기르는 '교양교육'을 가리키는 그리스어다. 특정 분야의 전문지식과 기술을 습득시키기 위한 '전문교육'과 대조되는 개념이라 할 수 있다.

닫힌 마음을 열고 '영구 혁명'으로

육의 쌍방 주체인 교수자와 학습자 양쪽의 사회적 상황이 급속 도로 변한 결과입니다.

탄도 미사일의 방향과 비행 거리는 미사일이 발사되는 순간 포신의 모양 및 위치와 포탄에 장전된 화약의 양으로 결정됩니다. 우리는 미사일이 도달할 목표 지점을 거의 오차 없이 계산하거나, 포신을 교체하고 화약 양을 조절해 목표 지점을 선택할 수 있어요. 이러한 특징 때문에 탄도 미사일은 ─ 목표물이 참호나 진지를 파서 들어가 있고 미사일만 오가는 ─ 진지전에 가장 이상적인 무기가 되었죠.

하지만 바로 그 특징 때문에 탄도 미사일이 쓸모없어지기도 합니다. 사수의 시야를 벗어난 목표물이 움직이기 시작할 때죠. 특히 목표물이 미사일 비행 속도보다 빨리 움직이거나, 더 나아가 예측하기 힘든 방식으로 불규칙하게 움직이면 사전의 탄도 계산은 죄다 엉망이 돼요. 이때는 스마트하고 인텔리전트한 미사일이 필요해지죠. 이 미사일은 최고 속도로 비행하는 도중에도 상황에 따라 방향을 바꾸며, 목표물의 움직임을 즉시 감지합니다. 거기서 목표물의 현재 방향과 속도를 아는 데 필요한 정보들을 읽어 수집한 정보로부터 궤적이 지나갈 지점을 추정해내죠. 스마트 미사일은 비행 내내 정보 수집과 처리를 멈추거나 중단하지 않습니다. 목표물이 계속 움직이며 방향과 속도를 바꾸고 있기에 예상 충돌 지점을 끊임없이 업데이트하고 수정해야 하니까요.

스마트 미사일은 '도구적 합리성'의 전략을 따른다고 할 수 있습니다만, 그 목적은 유동적이고 액체화되어 있습니다. 다시 말해 스마트 미사일은 변함없이 고정된 목적이 주어져 있기에 가장 효과적인 수단만을 계산하고 처리하면 된다는 가정을 거부합니다. 한층 더 스마트한 미사일은 정해진 목표물의 꽁무니를 쫓는 게 아니라 비행하는 중에 직접 목표물을 고르겠죠. 이런 미사일은 기술적 성능을 고려했을 때 달성할 수 있는 최대치 및 주변의 잠재적 목표물 중 타격에 가장 적합한 목표물을 산정하는 방식으로 유도될 겁니다. 목적이 수단을 결정하는 '도구적 합리성'이 역전된 사례라 할까요. 비행 중인 미사일이 목표물을 선택하며, 이것이 바로 최종 '목적'을 결정하는 수단이 되니까요. 이런 경우 비행하는 미사일의 '스마트함'과 효율성은 미사일 장치가 — 특정 범주의 목적에 초점을 맞추지 않은 — '일반적'이거나 '중립적' 성격을 지닐 때, 그러니까 특정 목표물의 타격을 위해 크게 개조되지 않았을 때 더욱 향상될 겁니다.

스마트 미사일은 먼저 태어난 사촌 격인 탄도 미사일과 달리 비행 중에 학습을 합니다. 그래서 학습하는, 그것도 신속히 학습하는 능력이 애초부터 필요하다는 것은 명백합니다. 하지만 빨리 학습하는 기술 못지않게 중요하지만 눈에는 잘 띄지 않는 능력이 있어요. 바로 먼저 학습한 것을 즉각 잊는 능력입니다. 스마트 미사일이 재고도 후회도 없이 '생각을 바꾸거나', 이전 '결정'을 취소하는 일이 불가능하다면 스마트해질 수 없을 겁니다.

닫힌 마음을 열고 '영구 혁명'으로

습득한 정보에 지나치게 집착해서는 안 되며, 그 정보가 제시하는 방식대로 행동하는 습관을 들여서도 안 됩니다. 순식간에 낡아버리는 정보를 제때 폐기하지 못하면 올바른 곳으로 인도하는 대신 길을 잃게 할지 모르기 때문이죠. 스마트 미사일의 '두뇌'가 결코 잊지 말아야 할 것은 자신이 습득한 지식이 처분 가능disposable하고, 추후 통보가 있을 때까지만 유효하며, 오직 일시적으로만 유용하다는 사실입니다. 쓸모를 잃은 지식을 폐기하고, 망각하고, 대체할 순간을 놓치지 않는 것이야말로 성공의 보증서인 셈이죠.

고형적solid 현대의 교육 철학자들은 교사를 탄도 미사일 발사대로 보았습니다. 그리고 미사일이 처음 발사될 때의 운동량으로 결정되는 그 궤도를 벗어나지 않게 하는 것이 교사들이 배운 기술이었습니다. 그도 그럴 것이 초기의 탄도 미사일은 한때 인간이 발명한 최상의 기술적 업적이었거든요. 탄도 미사일은 당시 세계를 정복하고 지배하고자 했던 모든 이들에게 완벽한 수단이 되어주었습니다. 영국 시인이자 역사가 힐레어 벨록Hilaire Belloc은 아프리카 원주민들에 대해 다음과 같이 자신만만하게 말하기도 했죠. "무슨 일이 생기든, 우리에게는 '맥심 기관총'이 있고 그들에게는 없습니다." ('맥심 기관총'은 단시간에 무수히 많은 총알을 쏠 수 있는 총이며, 수중에 총알이 아주 많을 때만 유효하다는 사실을 기억합시다.) 사실 교사의 임무와 학생의 운명에 대한 이런 시각은 '탄도 미사일' 개념보다 먼저 등장했으며, 현대에 그것이 실제로 발명되기 훨씬 전부터 이미 존재했습니다. 옛 중국 속담은 그 증거가 됩니다. 유럽연합 집행위원회가 21세기의 문턱에 '평생학습' 프로그램을 추진하는 근거로 인용했던 다음 속담은 모더니티의 출현보다 무려 2,000년이 앞섰죠. "1년 농사를 지으려면 옥수수를 심어라. 10년 농사를 지으려면 나무를 심어라. 평생 농사를 지으려면 사람을 훈육하고 가르쳐라." 이 옛 지혜가 실천적 가치를 잃은 것은 유동하는 현대로 막 접어들었을 때의 일입니다. 학습 및 '교육'이라는 이름으로 알려진 학습 증진에 종사하는 사람들은 탄도 미사일에서 스마트 미사일로 관심을 돌려야 했죠.

하버드 대학교 경영대학원의 존 코터John Kotter 교수는 독자들에게 '종신 교수직'과 같은 장기 고용에 얽매이지 말라고 충고합니다. 사실 조직에 충성하거나, 주어진 일에 지나치게 몰두하거나, 감정적으로 얽매여 장기간의 — 평생은 말할 것도 없고 — 헌신을 맹세하는 일은 전혀 바람직하지 않습니다. "사업 개념, 제품 설계, 경쟁 정보, 자본 설비를 비롯해 모든 지식의 예상 가능한 수명이 점점 짧아지는"[1] 시대니까요.

현대 이전의 삶이 인간의 유한한 삶을 제외하고 무한히 지속되는 만물의 일상적 반복이었다면, 유동하는 현대의 삶은 보편적 덧없음의 일상적 반복입니다. 유동하는 현대 세계의 거주민들이 곧 알게 되는 것은 이 세계에 영원은 고사하고 반드시 지속되는 것도 없다는 사실입니다. 당장 오늘 쓸모 있고 꼭 필요하다고 여겨졌던 대상이 필요나 습관으로 자리 잡을 시간을 갖기도 전에 '과거가 되어'버리죠. 이제 영원하다고 생각되는 것은 없으며, 대체 불가능하다고 여겨지는 것도 없습니다. 만물은 임박한 죽음의 상표를 붙이고 태어나, 인쇄되거나 추정된 '유통기한'을 달고 생산 라인을 나옵니다. 새 건축물을 지으려면 언젠가 반드시 허물 때가 오며, 그때는 철거할 수 있다는 허가서를 발급받아야 하죠. 계약 기간이 정해져 있지 않거나 요청에 따른 계약 종료가 용이하지 않으면 계약은 성립되지 않습니다. 설사 더 이상 돌이킬 수 없을 만큼 오래 헌신하는 사람이 있다 해도 극소수에 불과해요. 오직 '당분간'만 구속력을 가질 것으로 여겨졌던 결정들이 계속 유효한 것은 우연에 지나지 않습니다. 만물은 태어났든 만들어졌든, 인간이든 아니든, 추후 통보가 있을 때까지만 유효하며 꼭 없어도 무방합니다. 하나의 유령이 유동하는 현대 세계의 거주민 및 그들의 모든 노동과 생산물 위를 떠돌고 있습니다. 바로 '잉여'라는 유령이죠. 유동하는 현대는 과잉과 여분, 폐기물과 폐기물 처리의 문명이에요. 이탈리아 경제학자 리카르도 페트렐라Riccardo Petrella가 제시한 간결하고도 함축적인 공식에 따르면 오늘날 세계는 "상품과 서비스의 대폭적인 수명 단축을 통해 단명성, 휘발성, 불안정성(임시거나 시간제인 유연한 일자리)을 생산하는 경제로 향하고" 있습니다.[2]

중요한 이탈리아 사회학자 알베르토 멜루치Alberto Melucci가 했던 말이 있어요. "우리는 확고한 기반이 존재하지 않는 곳에서 그것을 찾는 현존성의 허약함에 시달린다." 그러므로 "변화를 생각할 때 우리는 항상 욕망과 두려움, 예측과 불확실성 사이에서 망설인다."**3** 불확실성은 위험을 뜻하죠. 위험은 모든 행동의 뗄 수 없는 동반자이자 불길한 유령입니다. 이것은 멜루치가 명쾌하게 정리했듯이 "선택이 곧 운명이 된choice became a destiny" 이래 강박적 의사 결정자 또는 필요에 의한 선택자가 된 우리를 괴롭히고 있죠.

실은 '되었다became'라는 말이 꼭 들어맞는 표현은 아니에요. 인간은 인간으로 존재하는 동안 항상 선택을 해온 까닭이죠. 그러나 선택의 필요성을 이토록 깊이 느낀 시대는 없다고 할 수 있습니다. 이제 ─ 고통스럽지만 치유할 수 없는 불확실성의 조건 아래 ─ 선택하는 이들은 '뒤처질지' 모른다는, 게임에서 배제되어버릴지 모른다는 위험을 통렬히 자각하게 됩니다. 새로운 요구에 부응하지 못한 이들에게 돌아갈 곳은 없어요. 오늘날 겪는 선택의 고통과 호모 엘리겐스homo eligens, '선택하는 동물'을 괴롭혀왔던 불편의 차이는 무엇일까요? 그것은 바로 미리 정해진 규칙이나 보편적으로 승인된 목적은 없으며, 그것을 따랐다는 이유로 선택 이후의 부정적 결과를 선택자가 책임지지 않아도 되는 경우도 없다는 깨달음 또는 의심입니다. 오늘 당장 믿음직해 보이는 기준점과 지침도 내일이면 십중팔구 틀렸거나 잘못되었음이 드러납니다. 이른바 바위처럼 견고한 회사도 가면을 벗기면 회계사의 상상이 꾸민 허구일 뿐이죠. 오늘 '당신에게 유익한 것'이 내일이면 독으로 재분류될지 모릅니다. 굳은 약속과 엄숙히 서명된 합의처럼 보였던 것이 하룻밤 사이에 뒤집혀버려요. 대개의 약속은 오직 배반하고 깨지기 위해서만 이루어지는 듯 보입니다. 조류에 휩쓸리지 않는 안전한 섬은 없는 걸까요? 멜루치의 말을 한 번 더 인용해보죠. "우리는 더 이상 집을 소유하지 않는다. 우리는 동화에 나오는 아기 돼지 삼형제처럼 집을 짓고 또 짓거나, 달팽이처럼 등에 집을 짊어지고 다닐 뿐이다."

이런 세계에서 개인은 삶을 닥치는 대로 조각조각 처리하도록 강제됩니다. 각각의 조각은 이전의 조각과 다르며 매번 다른 지식과 기술이 필요하리라 예상되죠. 그레고리 베이트슨은 역사상 가장 통찰력 있는 인류학자 중 한 명입니다. 아직 맹아적 단계에 있어 잘 드러나지 않는 문화적 경향들을 발견하는 능력으로 명성을 얻은 그는 (무려 반세기도 더 전에!) 곧 다가올 '교육 혁명'을 언급했습니다. 베이트슨은 교수·학습을 3단계로 나눴어요. 가장 낮은 단계인 1차 학습은 파올라 마스트로콜라가 바라는 상태와 똑같습니다. 학생들은 교사가 하는 말을 한 글자도 빠짐없이 따라하는 '기계적 학습'을 하죠. 암기 중심의 이 학습은 모순되는 정보, 또는 그저 어울리지 않기에 '부적절'해 보이는 정보에 대비한 요새화입니다. 전형적인 '탄도 미사일' 생산방식이라 할 수 있죠. 더 고차원적인 2차 학습에서는 인지 틀과 성향이 형성됩니다. 낯선 상황에 적응하는 것을 비롯해 새로운 지식의 흡수, 동화, 통합을 가능하게 하는 학습이죠. 다시 말해 (오늘날 '인텔리전트'라는 이름으로 더 많이 불리는) '스마트 미사일' 생산을 목표로 하는 교수·학습의 종류라고 할 수 있어요. 하지만 베이트슨은 더 고차원적인 3차 학습 단계가 있다고 말합니다. '비정상 데이터'가 너무 많아져 예외로 간주하고 무시하기가 힘들어지는 순간, 곧 그런 데이터들을 수용하고 '이해하기' 위해 인지 틀의 근본적 점검이 요구되는 순간을 제어하는 단계입니다. 얼마 후 미국의 과학철학자 토머스 쿤Thomas Kuhn은 이 순간을 '과학 혁명'이라 부르며, 지식의 진보는 이런 하나의 혁명에서 다른 혁명으로 나아가는 도중에 이루어진다고 주장했죠. 오늘날 우리 모두가 항시적 '혁명' 상황에 던져져 있다고 말하고 싶습니다. 우리의 지식은 '영구 혁명' 상태에 놓여 있다고요. 이런 상황을 고려하면 마스트로콜라의 교수 모델은 이제 막 성인 대열에 합류하려는 청소년들의 역량을 강화하기는커녕 불능으로 만드는 교수법입니다. 교육의 만고불변하는 목적은 청소년들에게 곧 진입해야 할 현실에 따른 삶을 준비시키는 것이었고, 현재에도 그러하며, 앞으로도 그럴 겁니다. 준비되기 위해서는 설명이 필요하죠. 툴리오 데 마우로의 표현을 빌리자면 "실천적이고 구체적이며 직접 적용 가능한 지식"이겠군요. 그리고 '실천적'이기 위해서는 닫힌 마음보다 열린 마음을 일깨우고 전파하는 양질의 학교 교육이 필요합니다.

5

거대한 떡갈나무와
아주 작은 도토리

리카르도 마체오 선생님께서는 트렌토 경제학 축제[■]에서 이 세계가 혼란에 빠졌다고 말씀하셨습니다. 부모들은 아이들에게 고가의 물건을 사주며 부족했던 보살핌과 관심을 보상하려 합니다. 또한 부모들 스스로 고독의 시간을 버리고 인터넷 멀티태스킹에만 몰두한다면, 선생님께서 《삶의 기술The Art of Life》(2008)이라는 제목의 책에서도 언급하셨다시피 부모들이 '삶의 기술'을 잊어버렸다면, 이들이 애정 관계에 시간과 관심, 융통성이 필요함을 이해하지 못하고 마치 식물처럼 매일 조금씩 물을 주며 결혼 생활을 가꾸기보다 이혼을 택한다면, 성인들이 오직 도구적 이성에만 의지해 비판적으로 사고할 능력을 갖추지 못한다면, 그렇다면 우리는 어찌 어린이와 청소년에게 다른 모습을 기대할 수 있을까요? 이들이 살아가는 환경은 도덕적으로 타락했고 주위에 보이는 것이라고는 온통 나쁜 전례들일 뿐인데 말입니다.

■ 트렌토 경제학 축제(Festival dell'economia di Trento)는 경제학과 대중의 만남을 위한 축제로 이탈리아 트렌토에서 2006년부터 매년 개최되고 있다. 본문에서 언급하고 있는 것은 바우만이 2011년 축제에서 강연한 내용의 일부다.

거대한 떡갈나무와 아주 작은 도토리

지그문트 바우만 아시다시피 체코 전 대통령 바츨라프 하벨Václav Havel은 거대하고 불가항력적인 듯한 억압과 압제의 세계에 익숙한 사람이었습니다. 그는 창살 있는 감옥과 창살 없는 감옥을 번갈아 오가며 일생을 보냈어요. 몸소 겪은 일들을 통해 그가 얻은 교훈은, 세계를 변화시키고 싶다면 먼저 사람들이 부르려는 노래가 무엇인지 알 필요가 있다는 것이었습니다. (시인이기도 했던 하벨은 예술 세계에서 은유를 끌어오는 경향이 있었어요.) 하지만 하벨은 바로 덧붙이죠. 내년에 사람들이 무슨 노래를 부르고 싶어 할지는 아무도 알 수 없다고요.

호모 사피엔스는 불충분하게 정의되고 불충분하게 결정됨으로써 현상을 뛰어넘어 저항하도록, 그 '너머'와 '이상'에 손을 뻗도록 선고받았기 때문에 다른 동물들과 구별됩니다. 우리의 먼 조상인 성서의 저자들도 인간이 처한 이런 역경을 인식하고 있었음이 틀림없습니다. 이미 그때 "수고하여야 그 소산을 먹으리라."와 "수고하여야 자식을 낳으리라."라는 명령을 신이 아담과 하와를 앞으로 살게 될 땅으로 쫓아내며 각자에게 내린 구속력 있는 유일한 명령으로 정했으니까요.

우리 모두가 실천하고 있는 삶의 형식은 (부분적으로는 지나온 선택들이 집약된 산물이지만 인간의 힘으로 어찌할 수 없는) 숙명과 (노력하고 개선하고 개조할 수 있는) 성격이 결합된 결과물입니다. 숙명은 우리 앞에 실현 가능한 선택지들을 내보이죠. 그러나 그중에서 선택을 하는 일, 하나를 고르고 나머지를 버리는 일은 성격의

몫이에요. 모든 상황에는 하나 이상의 선택지가 있습니다. (이는 인간을 최종적으로 불능화하려 했던 강제 수용소의 수감자들에게까지 해당되는 보편 법칙입니다.) 그러니 '선택의 여지가 없는 상황'이란 것도 존재하지 않죠. 지금 일어나고 있는 일 대신 다른 일이 일어날 가능성이 전무한 상황이란 없다는 겁니다. 대안 없는 선택, 결정, 행동도 없고요.

이러한 확신은 지난 수년간 계속해서 탐구하고 사유하고 글을 쓰게 하는 원동력이 되었습니다. (축소된 자유라 할지라도) 선택의 자유를 올바르게 사용하기 위해 우리는, (선택되지 않은 역사적 순간으로 우리 행동의 무대가 되는) '숙명'이 제공하는 선택지의 범위와 선택 가능한 행동의 (또는 행동 방식의) 총합을 정확히 인식할 필요가 있다는 바로 그런 확신 말입니다. 저는 인간이 '숙명'에 의해 내던져진 연속적인 상황들을 그리며 상황 하나하나에 어떤 기회와 위협이 잠재되어 있는지 발견하고 설명하려 애써왔습니다. (지금까지도 애쓰고 있고요.) 믿을 수 없을 만큼 오래 산 덕분에 확연히 구별되는 상황들을 연구할 기회가 많았지만 기회와 위협을 동시에 내포하지 않는 삶의 형식을 아직까지 발견하지 못했습니다. 지난 10여 년간 고군분투하며 연구해온 ('유동하는 현대', 즉 점점 세계화되는 환경에서 형성된 탈규제화되고 개인화된 소비자 사회로 대표되는) 현재 삶의 형식 또한 예외가 아니죠.

그러므로 염려할 여지는 많지만 절망할 필요는 없습니다. 당신이 — 오늘날 지배적이고 너무나 강력해 보이는 압력과 유행과 결점 등을 감안하고도 ― 아이들이 현재 다수가 행동하는 방식과 다르게 행동하기를 여전히 바라거나 기대해도 좋을지를 묻는다면 내 대답은 '그렇다'입니다. 각 상황들의 총합에 위험과 함께 기회도 포함된다는 것이 사실이라면(사실이지만), 각각의 상황이 순응을 배태하고 있듯이 저항을 배태하고 있는 것 또한 사실입니다. 모든 다수가 아주 작고 보이지 않으며 눈에 띄지 않는 소수에서 출발했다는 사실을 절대 잊지 맙시다. 100년 묵은 떡갈나무라 할지라도 아주 작은 도토리에서 자라났다는 사실을 말입니다.

6

진정한 '문화 혁명'을 찾아

리카르도 마체오 오늘(2011년 7월 17일) 선생님께서 언급하셨던 두 카리스마 있는 지도자 쳄 외츠데미어와 바츨라프 하벨이, '공익에 힘쓴 모범적 인물'이라며 푸틴Vladimir Putin에게 크바트리가 상을 주려는 데에 반대했다는 기사를 읽었습니다. 그래서 이 상의 주관 단체 '베르크슈타트 도이칠란트'는 결정을 철회해야 했다고 하죠. 뭐, 놀랍지는 않습니다. 외츠데미어와 하벨은 용기가 있었고, 푸틴이 찬양받는 건 조지 오웰George Orwell의 소설《1984》에서나 일어날 법한 일이니까요. 그러나 선생님께서 "선택의 여지가 없는 상황이란 존재하지 않는다."라고 말씀하시자마자 그 두 사람이 불의에 저항하고 나선 것은 선생님의 말씀에 대한 확인과도 같았습니다. 이런 생각들이 꼬리를 물며 나짐 히크메트Nazim Hikmet가 떠오르더군요. 히크메트는 외츠데미어처럼 터키인이며, 하벨처럼 시인이자 혁명가이자 (오랜 세월을) 감옥에서 보낸 인물입니다. 저는 결혼 서약을 하면서 히크메트의 시를 한 편 낭송했었는데요. "여든*이 되어서도 한 그루의 올리브 나무를 심을" 만큼 진심을 다해 살자고 촉구하는 시였습니다. 이는 "100년 묵은 떡갈나무라 할지라도 아주 작은 도토리에서 자라났

■   '일흔'의 오기로 보인다.

진정한 '문화 혁명'을 찾아

으므로" 우리는 여전히 희망을 가져도 좋다는 선생님의 결론에 본질적으로 내포된 심상이기도 하죠. 인내심과 계획하는 기술과 장기적인 소망과, 인간이 더 나은 삶을 건설할 수 있게 했던 다른 모든 인간적 자질들은 왜 몽땅 사라져버린 걸까요?

선생님의 영향을 받은 학자 중 한 명인 마우로 마가티Mauro Magatti는《상상된 자유Libertà immaginaria》라는 제목의 탁월한 책을 썼습니다. '테크노 니힐리즘 자본주의의 환상'이라는 부제를 단 이 책은 철학적 해체가 가져온 폐해를 다음과 같이 설명하고 있죠. "질서로서의 자연 개념에서, 구축과 해체의 무한 반복이라는 개념이 지배적인 세계관으로 이행하며 현대 사상을 쌓아올린 벽돌은 붕괴의 첫 단계를 밟았다."[4] 베이트슨의 3차 학습이 의미를 갖는 것은 바로 이 지점입니다. 하나의 기회에서 또 다른 기회로 도약할 수 있는 사람, 불확실한 상황에서도 행동할 수 있는 사람, 한때 중요했지만 지금은 중요하지 않은 개념들을 망각할 수 있는 사람, 오직 이런 사람들이 살아남아 성공하죠. (그다음 질서가 등장할 때까지 말입니다.)

마가티는 새로운 시나리오를 그려 보입니다. "중심과 주변, 상위와 하위, 옳고 그름은 더 이상 없다. 테크노 니힐리즘 자본주의는 모든 것을 포괄하는 경향이 있으며, 여기엔 주변부에서 생산된 것과 정반대에 위치한 것까지 포함된다. 반反문화란 더 이상 존재하지 않으니, '모든 것이 문화적 산물'인 까닭이다. 반문화는 사실상 다양성을 증가시키고, 그러한 방식을 통해 시스템

지그문트 바우만, 소비사회와 교육을 말하다

에 통합되는 참신함의 한 형태로 여겨진다."[5] 마가티의 말처럼 작동 중인 새 시스템이 오늘부터 모든 저항을 집어삼키고 소화하고 자본화한다면, 우리가 할 수 있는 일은 무엇일까요?

지그문트 바우만 우리가 처한 문제를 잘 지적해주셨습니다. 시장이 매개하고 유도하는 소비자 사회가 일관성과 응집성을 갖지 못하게 하는 중대한 장애물이 있습니다. 바로 소비자 시장의 잡식성 수용력이죠. 모든 인간 문제, 걱정과 불안, 고통과 괴로움을 자본화하는 이 불길한 능력은 모든 저항과 '대항력'의 영향을 이용하고 이윤화합니다. 한편, 재현, 선전, 커뮤니케이션의 경로를 완벽히 통제하는 시장에서 비판적 반대 세력은 시장의 법칙에 따라 움직일 수밖에 없어요. 그럼으로써 ― 간접적이지만 강력하게 ― 시장의 법칙을 뒷받침하고 강화하는 것 외에는 선택의 여지가 거의 없죠.

영국의 생태경제학자 팀 잭슨Tim Jackson 교수는 최근 출판된 저서 《성장 없는 번영Prosperity Without Growth》(2009)에서 이윤에 대한 탐욕은 우리가 가진 문제의 부차적 원인일 뿐이라고 말합니다. 주된 원인은 "(사물의 상징적 측면인) '새로움'에 대한 끊임없는 갈망을 기반으로 하는 우리의 문화"라는 것이죠. 강제로 훈련되어 이미 몸에 밴 이 갈망은 우리를 끊임없이 부추겨 자기중심적으로, 물질주의적으로 행동하게끔 합니다. 이런 종류의 행동은 오늘날 같은 유형의 경제, 즉 소비지상주의 경제를 계속 굴러가

진정한 '문화 혁명'을 찾아

게 하는 데 필수적이에요. 우리는 사들이고 소비하도록 재촉 당하거나 강제와 회유에 시달립니다. 지금 갖고 있는 것을 소비하도록, 또 갖고 있지는 않지만 미래에 갖고자 할 것을 소비하도록 말이죠. 이런 상황이 근본적으로 바뀌지 않으면 시장의 지배에 효과적으로 저항하고 해방될 기회는 극히 적어집니다. 승산이 거의 없는 셈이에요.

이런 현실을 변화시키려면 그야말로 진정한 '문화 혁명'이 일어나지 않으면 안 될 것입니다. 현재 교육 시스템이 가진 힘이 아무리 제한되어 보일지라도, 교육 시스템 그 자체가 갈수록 더 소비지상주의의 게임에 종속되어간다 해도, 교육 시스템은 여전히 문화 혁명을 촉진하는 요인으로 꼽히기 충분한 변혁의 힘을 갖고 있습니다.

7

퇴폐는 박탈의 가장
교묘한 전략

리카르도 마체오 적어도 이탈리아에서, 선생님께서 가능하길 바라고, 또 가능하다고 믿는 '문화 혁명'이 시급한 첫째 이유는 이른바 '하위문화적 헤게모니subcultural hegemony(마시밀리아노 파나라리Massimiliano Panarari가 쓴 동명의 책에서 인용)'[6] 때문일 겁니다. 안토니오 그람시는 문화 접근성을 높여 민중에게 헤게모니를 부여하려 했습니다. 하위문화적 헤게모니란 그람시의 방법론을 의도적으로 뒤집어 민중의 문화 참여와 비판적 사고의 의욕을 꺾으려는 유사 방법론을 일컫죠. 이를 부추기는 것은 텔레비전을 틀기만 하면 나오는 오락 프로그램의 노출 심한 여성들과 저질 우스갯소리들입니다. 또 선생님께서 '감정의 스트립쇼'라 부른 쪽으로 흐르는 (교묘하게 계발되고 유도된) 비판적 경향과 가십으로 가득 찬 타블로이드 신문의 득세도 빼놓을 수 없죠. (이탈리아에서 텔레비전 채널과 타블로이드 신문의 소유주는 실비오 베를루스코니Silvio Berlusconi며, 전략기획을 담당한 수뇌는 '실제' 지식인이기는 하지만 돈에 매수된 지식인이자, 발행 부수가 가장 많은 타블로이드 신문 두 곳의 편집국장 알폰소 시뇨리니Alfonso Signorini입니다.) 문화 혁명이 시급한 둘째 이유는 학교의 위상이 추락하고 그것이 사기를 꺾기 때문입니다. 부유한 사회에서 교사라는 직업은 경시되기 쉽습니다. 가장 부유한 국가들에서 아동에 대한 장기적 투자는 부모의 적

퇴폐는 박탈의 가장 교묘한 전략

극적 참여를 요구하지만, 이 부모들은 너무 바쁘거나 소비의 덫에 푹 빠져 참여를 원치 않는 탓이죠.

그러나 우리가 다시 시작해야 할 곳은 학교입니다. 이탈리아에서는 최근 출간된 책 한 권이 학교 재평가에 힘을 실어주고 있어요. 툴리오 데 마우로와 다리오 이아네스Dario Ianes가 편집한 《학창 시절》이 그 책인데요.[7] 여기서 데 마우로는 교사들을 묘사하며 구약외경 〈집회서Ecclesiasticus〉를 인용합니다.[*] "이제 명성 높은 사람들을 칭송합시다 / 과시하는 법은 거의 없는 이들을. / 그들의 노고에 쉼이 없음을 / 그 노고가 쉼 없이 계속됨을 / 넓고 깊게 계속됨을, / 그들의 지식보다 더 위대하게." 한편 이아네스는 교사에 대해 이렇게 말하죠. "아직 신념을 가진 이들은 한밤중인 지금 이 순간에도 제자들을 위해 교재를 쓰거나 인터넷에서 수업에 도움이 될 최신 자료를 찾고 있다. 그들은 화장실에서까지 온통 일 생각뿐이다. 물론 다른 직업인들도 대개 마찬가지겠지만 이들의 일은 학생 한 명 한 명의 얼굴과 이름이 함께 떠오른다는 점이 다르다." 이 책은 (교장 두 명을 비롯해 유치원에서부터 고등학교에 재직하는) 교사 20명의 증언을 담았으며, "마냥 나타나기를 기다리며 욕하고 불평하는 대신 하루하루 참을성 있게 쌓아 올린, 자신 안에서 발견한 자산들에 관해" 이야기하고 있습니다.

저는 많은 교사들과 개인적으로 알고 지내며 그들에게서 일에 대한 진정한 흥미와 열정을 발견했습니다. 그래서 먼저 교사들을 존경해야 한다고 생각합니다. 하지만 분명 존경만으로 해결되지 않는 문제들이 있어요. 이탈리아에서 중학교를 무사히 마치는 학생의 비율은 거의 100퍼센트에 달합니다. 그다음 졸업률은 급격히 떨어져 고등학교 졸업장을 받기 전에 30퍼센트 이상이 이탈하죠. 이탈자 일부는 그리 신뢰가 가지 않는 사립학교로 옮겨 가지만, 매년 12만 명의 젊은이들이 니트족**에 편입되며, 15세부터 19세 사이의 이탈리아 니트족은 현재 200만 명이 넘습니다. 중학교에서 고등학교 사이의 과도기에 무언가 심각한 일이 벌어지는 것이 분명한데요. 여기에 대해서 어떻게 생각하시나요?

지그문트 바우만 퇴폐는 박탈의 가장 교묘한 전략입니다. 당신이 텔레비전 프로그램의 홍수 속에서 탁월하게 발견해내고 폭로한 대로 텔레비전은 (유혹과 꼬임을 통해) 우리의 관심을, 또 그에 따른 '삶의 적실성life relevance'을 기술 습득에서 감각적 인상들의 채집으로 바꾸어놓죠. 이는 당신이 개탄하는 '니트족' 부대를 만들

■ 전체 내용은 키플링의 시를 인용한 것이다.
  키플링도 첫 행은 〈집회서〉를 인용했다.
■■ 니트(NEET)족: 'not in education,
  employment or training'의 약자로 일하지
  않고, 일할 의지도 없는 청년 무직자를
  뜻하는 신조어다.

어내는 퇴폐의 수법이에요. 실로 음험한 수법이죠. 계속되는 박탈에 쾌락을 부여하고, 노예 상태를 선택의 자유로 인식하고 느끼게 하니까요.

또 하나 중요한 것이 있어요. 알폰소 시뇨리니 같은 사람들은 아마 메시지의 내용과 결과 때문에 전달자를 비난하는 일을 경계해야 한다고 지적할 테죠. 텔레비전이나 타블로이드 신문은 인간의 다양한 모습을 담아내지 못합니다. 우리가 선택해서가 아니라 이미 그 안에 내던져진 삶의 형식에 미리 가공된 인간 '내면'을 표면화하거나, 폭로하거나, 전시할 뿐이죠. 오늘날 젊은 세대는 하나의 삶의 형식 안에서 태어나 그 외의 다른 형식은 알지 못합니다. 이것은 소비자 사회와 — 쉼 없이 영속적으로 변화하는 — '나우이즘'▪ 문화를 특징으로 하죠. 우리는 새로움과 무작위적 기회에 대한 숭배를 고취하는 이런 사회와 문화 속에서, 욕망의 대상은 물론 지식의 대상까지 포함한 모든 것의 과잉 공급에, 새로운 대상이 등장하고 낡은 대상이 퇴장하는 어리둥절한 속도에 아찔함을 느낍니다. 삶의 형식이 우리에게 느끼고 욕망하게끔 훈련하고 반복시키는 방식과 (노출 심한 의상과 감정의

▪ 나우이즘(nowism): 즉시 만족을 추구하는 사람들의 소비 심리를 일컫는 신조어다. '찰나(now)'와 같이 아주 짧은 시간 안에 원하는 정보를 파악하고 소비하려는 습성을 말하며, 이런 습성은 인터넷이라는 현대의 디지털 기술을 매개로 더욱 강화된다.

지그문트 바우만, 소비사회와 교육을 말하다

스트립쇼가 뒤엉킨) 텔레비전 편성표 사이의 공명은 시청률로 측정되죠. 어쨌든 텔레비전을 시청하는 것은 의무가 아니며, 텔레비전을 끈다고 해서 처벌받을 이유도 없어요. 적어도 이런 부분의 의사 결정에는 아직 선택의 자유가 있죠. 텔레비전을 끄지 않는 것은 텔레비전을 켜는 것과 마찬가지로 하나의 결정입니다. 또는 마치 하나의 결정인 것처럼 보입니다.

노르웨이의 사회인류학자 토마스 휠란 에릭센Thomas Hylland Ericksen은 자신의 책《순간의 압제Tyranny of the Moment》에서 이렇게 말합니다. "사방에 정보가 너무 많다. 정보 사회의 가장 중요한 기술은 99.99퍼센트의 원하지 않는 정보로부터 자신을 보호하는 데 있다."라고요. 의미 있는 메시지, 즉 커뮤니케이션의 표면적 목적과 그 반대편에 있는 장애물이라고 알려진 배경 잡음을 가르는 경계는 거의 사라졌다 하겠습니다. 아직 비어 있는 소비자의 시간을 놓고, 아직 더 많은 정보로 채울 여지가 있는 소비의 순간들 사이의 지극히 작은 틈새를 놓고 치열한 경쟁이 벌어져요. 정보 공급자들은 커뮤니케이션 채널의 수신자 측에 있는 이들이 필요한 정보 조각들을 찾아 헤매다가 공급자들이 심어놓은 정보와 우연히 마주치길 바랍니다. 수신자들에게는 아직 필요하지 않은 정보지만 눈길이 뺏겨 잠시 멈추거나 속도를 늦추고 정말로 원했던 정보 대신 그것을 흡수하길 바라는 거죠. 배경 잡음의 파편을 주워 의미 있는 메시지로 전환하는 과정은 대체로 무작위하게 일어납니다. 소위 '열풍hype'은 '바람직한

퇴폐는 박탈의 가장 교묘한 전략

관심의 대상'과 '비생산적인'('무익한') 잡음(새 영화 개봉, 신간 출간, 광고주들이 가장 많이 시청하는 텔레비전 프로그램의 방영, 전시회 개막 등)을 구별하려는 홍보업계의 산물입니다. 이것은 — 소비 욕구에 따라 선택한 대상에 단 몇 분, 며칠이라도 관심을 집중시켜 줄 — '필터'를 찾는, 절박하고 끊임없지만 산발적인 노력을 일시적으로나마 한쪽 방향으로 전환시키고, 흘려보내고, 응축하는 역할을 하죠.

에릭센을 한 번 더 인용해볼까요. "정보 사회는 지식을 말끔히 정렬하는 대신 다소 무작위적으로 서로 결합된, 탈맥락화된 기호들의 폭포cascade를 제공한다." 바꿔 말하자면 점점 더 많은 양의 정보가 점점 더 빠른 속도로 유통될 때 내러티브와 질서, 전개의 순서를 만들기는 점점 더 어려워진다는 얘깁니다. 파편들은 헤게모니화될 위험이 있습니다. 그리고 우리가 지식과 일, 넓은 의미에서는 생활양식과 관계 맺는 방식에 영향을 미치죠.

"희망을 갖고 여행하는 것이 목적지에 도착하는 것보다 낫다."라는 영국 소설가 로버트 루이스 스티븐슨Robert Louis Stevenson의 말이 유동화되고 액체화된 현대 세계보다 더 잘 들어맞는 시대는 없습니다. 목적지가 움직일 때 — 더구나 아직 그 매력을 잃지 않은 목적지가 사람의 보행 속도, 자동차가 움직이는 속도, 비행기가 날아가는 속도보다 빨리 움직일 때 — 계속 움직이는 일은 목적지보다 중요해집니다. 지금 이 순간 실행 중인 어떤 것도 습관화하지 않기, 과거의 유산에 얽매이지 않기, 유행에서 멀어지면 당장 갈아입을 수 있는 셔츠처럼 현재의 정체성을 걸치기, 거리낌도 후회도 없이 과거의 교훈을 멸시하고 과거의 기술을 무시하기. 이것은 모두 유동하는 현대 생활 정치의 특징이자 유동하는 현대 합리성의 속성이 되고 있어요. 유동하는 현대의 문화는 더 이상 역사가들과 민족지학자들이 기록에 남긴 문화들 같은 배움과 축적의 문화로 여겨지지 않습니다. 대신 이탈과 단절, 망각의 문화로 보이죠.

미국의 비평가 조지 스타이너George Steiner가 '카지노 문화casino culture'라 명명한 이런 문화에서 모든 문화 상품은 최대의 효과를 낸 뒤(어제의 것을 해체하고 밀어내고 제거한 뒤) 곧장 폐기되도록(새로운 문화 상품이 쓰레기통으로 들어가기까지 걸리는 시간을 줄이도록, 즉 미적거리지 않고 내일의 새로운 상품이 들어설 자리를 만들기 위해 서둘러 무대를 비우도록) 계산되어 있습니다. 한때 예술가들은 자기 작품의 가치를 영원한 지속성과 동일시했고, 그래서 완벽을 위해 몸부림치며 거의 불가능해 보였던 앞으로의 한 걸음을 내딛었어요. 그런 그들이 이제 전시가 끝나면 철거하게 되어 있는 설치물이나 행위자가 돌아서는 순간 끝나는 해프닝을 만들죠. 예술가들은 운행이 재개되기 전의 교량이나 건축 공사 재개를 기다리는 건축물을 포장하는 일을 합니다. 모든 인간 행위가 가지는 우스꽝스러운 덧없음과, 그것이 남기는 얄팍한 자취에 또 다른 증거가 필요하게 되면 '공간 조각'을 세우거나 깎아 자연에 피해를 입히며 증거를 추가로 제공하기도 하죠. 텔레비전 퀴즈쇼 참가

퇴폐는 박탈의 가장 교묘한 전략

자들은 유일하게 어제의 화제를 기억하리라 (권장은커녕) 기대되는 사람들입니다. 그러나 오늘의 화제에 참여하지 않는 것은 (허락되기는커녕) 어느 누구에게도 기대되지 않습니다.

소비자 시장은 유동하는 현대의 '카지노 문화'에 적응하고, 카지노 문화는 소비자 시장의 압력과 유혹에 적응하죠. 나란히 놓인 차임벨 두 개가 서로를 피드백하는 셈이에요. 소비자 시장은 고객의 시간을 낭비하거나 그들의 미래와 아직 예측 불가능한 즐거움을 빼앗지 않기 위해 즉시 소비될 목적으로 생산된 상품을 제공합니다. 이 상품들은 최대한 일회용으로 신속히 처분되고 대체되는 까닭에, 바로 지금 사람들이 열광하고 탐내는 대상이 유행에서 멀어진다 해도 생활공간을 어지럽히지 않을 겁니다. 고객들은 — 어리둥절할 만큼 다양하게 쏟아지는 상품들과 아찔한 변화 속도에 혼란을 느끼고 있기에 — 더 이상 학습하고 기억하는 능력에 의지할 수 없습니다. 그러므로 지금 제공되는 상품이 '바로 그것the thing', '잘나가는 것hot thing', '꼭 가져야 하는 것must have', '(갖고 있음을) 꼭 보여주어야 하는 것must be seen'이라는 감언을 받아들일 수밖에 없어요. (그리고 기꺼이 받아들이죠.) 100년도 더 전에 루이스 캐럴Lewis Carroll이 쓴 판타지는 이제 현실이 됩니다. "같은 자리에 머무르려면 계속 달려야 한단다. 다른 곳에 가고 싶으면 적어도 두 배는 빠르게 달려야 하지!" 그렇다면 이런 현실에서 학습자와 교사가 설 자리는 어디일까요?

내가 어렸을 때 어른들은 이런 충고를 했습니다. "빨리 배우면

빨리 잊는다." 그러나 이것은 이미 지난 시대의 격언입니다. 오래 가는 것을 가장 높이 치던 시대, 최상층의 사람들은 높은 지위를 표시하기 위해 오래가는 것들로 자신을 둘러싸고, 사다리 아래 있는 이들에게는 일시적인 것만 남겨주던 시대의 격언이죠. 이때 는 유지하고 지키고 관리하고 보존하는 능력이 무언가를 처분하 는 (안타깝고 부끄럽고 비통한) 능력보다 훨씬 더 중요했어요.

오늘날 대부분의 사람들은 저 격언에 찬성하지 않을 겁니다. 한때의 미덕이 오늘날엔 악덕으로 바뀌었으니까요. 서핑 기술 은 바다의 수심을 재는 기술보다도 유용하고 바람직한 최상위 의 기술로 여겨지게 되었습니다. 빨리 잊는 것이 기계적인 속성 학습의 결과라고요? 그럼 (단기의 순간적이고 얄팍한) 속성 학습을 오히려 환영해야죠! 결국 당신이 내일의 사건에 대한 내일의 논 평을 구성해야 한다면, 그제의 사건에 대한 기억은 그리 도움이 되지 않을 겁니다. 또 기억 용량은 서버 용량과 달리 마음대로 늘릴 수 없으니, 기억력 ― 즉, 장기 기억력 ― 이 좋으면 오히려 흡수하고 빨리 동화하는 능력이 제한될지 몰라요.

'가난뱅이에서 벼락부자가 된' 이야기의 현대판 주인공은 거 의 모두 기가 막힌 아이디어 하나와 운으로 수십억 달러를 벌 어들인 인물들이에요. 애플의 창시자 스티브 잡스Steve Jobs부 터 트위터 창업자 잭 도시Jack Dorsey, 텀블러 창시자 데이비드 카 프David Karp에 이르기까지 현대 사회에서 성공한 인생을 구현했 다고 여겨지는 이들이 단 한 명의 예외 없이 전부 교육 이탈자들이라는 사실을 잊지 마세요. (카프는 고등학교 첫해에 중퇴한 이후 대학 문턱도 넘지 않아 이 분야의 신기록을 세웠죠.) 순식간에 성공해 어마어마한 부를 거둔 또 하나의 사례로 '브릿아트Britart'의 아이돌이자 오늘날 영국에서 가장 '돈 되는' 작품 활동을 하고 있는 데이미언 허스트Damien Hirst 역시, 학교 미술 시간에 평범한 점수를 받은 이라도 약간의 운과 전기톱만 있으면 엄청난 일을 할 수 있다는 사실에 놀랐다고 고백한 바 있습니다.

우리는 '가난뱅이에서 벼락부자가 된' 신화 — 뜻밖의 행운과 뛰어난 상황 대처 능력만으로 백만장자가 된 구두닦이 소년의 신화 — 에서 한 바퀴를 돌아, 동일한 신화의 '더 새롭고 나아진' 형태에 도달했습니다. 구두 닦는 일이 메시지를 다루는 일로 대체되었지만 말입니다. 하지만 이 순환의 어딘가에서, 삶의 질을 높이는 보편교육으로 기회의 폭을 넓힐 수 있다는 약속은 사라지고 말았어요.

8

오랫동안 쌓아온 것들이
파괴되는 데 걸리는 시간은
단 몇 분

리카르도 마체오 제가 깊은 감동을 받아 간직하기로 한 사진들 중에 아프리카 차드의 도시 파다의 노천 교실을 찍은 사진이 있습니다. 사진에서는 50명 남짓한 초등학교 아이들이 머리 위로 작은 칠판을 자랑스레 들어 보이고 있습니다. 아이들의 옷차림은 허름하고, 나라는 전쟁과 자원 부족과 200개가 넘는 종족 간 분쟁으로 어려움을 겪고 있지만, 그래도 이 사진에는 이탈리아 소설가 안토니오 스쿠라티Antonio Scurati가 말하듯 "기쁘고 영광스러운" 무언가가 있어요. 스쿠라티는 이렇게 말합니다. "칠판을 든 아이들은 제각기 보편교육의 기치를 높이 쳐들고 있는 듯했다. 지식의 대성당이 작은 칠판 첨탑들로 흩어지며 마침내 전 인류를 수용하는 거대한 학교라는 꿈이 이루어졌다."

1951년의 이탈리아는 아직 저개발국이었으며 평균 교육 연수는 3년에 그쳤습니다. 이제 이탈리아의 '발전은 끝났고' 평균 교육 연수는 11년으로 늘었지만, 이 역시 1960년대와 이후 몇십 년의 호황에 의존한 결과입니다. 최근 점점 더 많은 가정이 날마다 빈곤의 유령에 시달리게 되기 전까지의 얘기죠.

선생님께서는 란디프 라메시Randeep Ramesh와 진행한 2010년《가디언》지의 인터뷰에서 영국의 정치인 에드 밀리밴드Ed Miliband가 공동체를 바라보는 시각이 매우 흥미롭다고 말씀하신

오랫동안 쌓아온 것들이 파괴되는 데 걸리는 시간은 단 몇 분

바 있습니다. 밀리밴드가 빈민층 문제에 매우 민감하며, 사회의 질 및 공동체의 응집력은 통계로 추정되기보다 가장 취약한 계층의 복지 측면에서 측정되어야 함을 인식하고 있다고 지적하셨죠. 영국과 이탈리아를 비롯한 유럽의 거의 모든 정부들은 복지 예산을 삭감하고 있습니다. 선생님께서는 아마 1999년 '기본 소득citizen's income'을 보장할 것을 제안한 유일한 학자이실 텐데요. 기본 소득이란 근본적으로 "자유라는 향유香油 속에 떠 있는 불안이라는 악취 나는 파리 한 마리를 없애기 위해" 자유롭게 사는 데 충분한 소득을 지급하는 것을 말하죠. 그때로부터 10여 년 동안 밀리밴드는 줄곧 선생님의 제안을 지지해왔으며, 젊은이들 사이에서는 점점 세금 부담을 높이고 장애물을 확대하는 정치인들이 자신들의 미래를 위협하고 있다는 인식이 퍼져가고 있습니다.

지그문트 바우만 수천 개의 두뇌와 그 두 배에 달하는 손이 오랫동안 쌓아올린 것들을 파괴하는 데는 단 몇 분의 시간과 몇 번의 서명만으로 충분합니다. 아마도 이는 예로부터 지금까지 가장 무섭고도 불길하지만 그럼에도 거부할 수 없는 파괴의 매력일 겁니다. 하지만 이 유혹이 속도라는 강박에 사로잡혀 허둥지둥 살아가는 우리의 이 세계에서보다 더 강력했던 적은 없어요. 강제 퇴거와 철거, 쓰레기 처리와 같은 폐기산업disposal industry은 소비자들로 이루어진 유동하는 현대 사회에서 지속적인 성장이 보장되며, 소비자 시장의 변덕에 영향을 받지 않는 극소수의 사업 중 하나입니다. 결국 이런 사업이 필수 불가결한 이유는 시장이 오직 이런 방식으로만 유지될 수 있기 때문이에요. 시장은 한차례 초과 목표를 설정했다가 다음 목표로 비틀비틀 나아가며, 그때그때 발생하는 쓰레기와 실패에 책임이 있다고 여겨지는 시설들을 청소해나갑니다.

계속해서 유지하기엔 지나치게 소모적인 방식임이 틀림없죠. 과잉과 낭비는 소비지상주의 경제의 고질적인 골칫거리며, 실제로도 어마어마한 부수적 피해와 그보다 더 큰 규모의 부수적 피해자들을 발생시키고 있어요. 과잉과 낭비는 소비지상주의 경제의 가장 충성스럽고도 불가분한 길동무로 (공동의) 죽음이 둘을 갈라놓기 전까지 반드시 같이 갑니다. 과잉과 낭비의 주기는—보통은 소비지상주의 경제의 광범위한 영역에 흩어져 비동기화된 고유의 리듬을 따르지만—우연히 동기화, 조직화되거나 중첩되었다가 병합되기도 하죠. 그러면서 주름 제거나 피부 이식 같은 미용성형에 해당하는 경제적 수단으로 틈새나 균열을 유지 보수하는 일은 거의 불가능해집니다. 미용성형으로는 충분하지 못할 때 총체적인 수술이 요구되죠. 우리는—비록 마지못해서이긴 하지만—그것에 기댈 수밖에 없어요. '소비자가 주도하는 회복(주로 은행과 신용카드 회사처럼 소비지상주의에 동력을 공급하는 기관들이 자본을 확충할 수 있도록 재무부 금고에 쌓아놓은 현금을 풀라는 지령)'을 목표로 '삭감', '재배치', '재조정'(소비지상주

오랫동안 쌓아온 것들이 파괴되는 데 걸리는 시간은 단 몇 분

의적 활동의 둔화를 위해 정치적으로 선호되는 지령), '긴축(정부 지출을 감축하라는 지령)'의 시간이 도래하죠.

이것이 현재 우리가 살고 있는 시대예요. 이 안에서 우리는 과잉과 낭비의 대량 축적 및 정체의 후유증, 결과적으로 부수적 피해자를 무수히 낳은 신용 시스템의 붕괴를 겪고 있어요. '지금 즐기고 지불은 나중에' 하라는 신용 기반의 생활 전략 — (신용으로 생활하는 기술과 습관을 다음 세대에 반복적으로 가르치는) 마케팅 기법과 정부 정책의 연합으로 함양되고, 육성되고, 부양되는 — 에서 소비자 시장은 요술봉을 발견한 것입니다. 이 요술봉을 휘두르면 신데렐라의 생쥐와 도마뱀, 곧 소극적이거나 아무짝에도 쓸모없던 소비자들은 (이익을 창출하는) 채무자들로 변신하죠. 비록 신데렐라 이야기에서처럼 단 하루의 황홀한 밤을 위해서이긴 하지만요. 이 요술봉이 효력을 갖는 이유는 지불할 때가 되면 구매한 기적들에 축적된 시장 가치에서 필요한 현금을 손쉽게 뽑아낼 수 있으리라는 확신이 있기 때문입니다. 하지만 광고 전단지들이 교묘하게 누락하는 사실이 있죠. 바로 시장 가치가 축적되는 이유는 그런 기적들을 구매할 의지와 능력을 갖춘 사람들의 수가 계속 증가할 것이라고 확신하기 때문이라는 사실 말입니다. 이런 확실한 믿음을 뒷받침하는 논증은 모든 버블이 그렇듯 순환적입니다. 만일 당신이 신용판매자들을 믿는다면, 내 집 마련에 쏟아부은 주택 담보대출이 집값 자체로 상환되리라 예상할 겁니다. 집값은 최근 몇 년 동안 그랬듯이 상승할 테고,

지그문트 바우만, 소비사회와 교육을 말하다

상환이 완전히 끝난 후에도 계속해서 상승할 게 틀림없으니까요. 또 학자금 대출과 막대한 이자 역시 졸업자를 기다리고 있는 회사의 엄청난 봉급과 혜택으로 상환되리라 믿고 있겠죠.

이제 거품은 터졌고 진실이 드러났어요. 늘 그렇듯이 이미 피해는 발생한 이후죠. 이제 시장의 보이지 않는 손이 사유화하겠다고 감질나게 약속한 이익이 돌아오는 대신 국가가 손실을 강제로 국유화합니다. 그 와중에도 정부는 여전히 소비가 행복으로 가는 가장 가깝고 확실한 지름길이라 칭송하며 소비자의 자유를 증진하느라 바빠요. 비용을 치러야 하는 사람들은 과잉과 낭비의 경제에 피해를 입은 사람들이에요. 그들이 이 경제의 지속 가능성을 믿었든 아니든, 그 약속을 믿고 유혹에 기꺼이 굴복했든 아니든 말이죠. 반대로 거품을 일으켜 이익을 본 사람들이 고통받는 징후는 거의 없습니다. 그들의 집이 압류되는 일은 없으며, 그들의 실업 급여가 삭감되는 일도, 그들의 아이들이 뛰어놀 놀이터가 공사 중단 명령을 받을 일도 없어요. 벌을 받고 있는 쪽은 회유와 강제를 통해 빌린 돈에 의존하게 된 이들이니까요. 2011년 2월 6일 자 《가디언》지에 실린 다음과 같은 글을 보면 정부의 방침을 알 수 있습니다. 정부는 "가계 부채를 줄이기 위한 정책에 신규 재정 지원을 하지 않을 예정이다. 각료들은 올해 재정 지원이 끝나면 채무 상담 서비스를 지원하는 금융 포용 기금의 예산이 사라질 것이라고 말한다. 또한 정부는 저금리로 대출해주는 성장 기금의 미래 역시 보장하지 않고 있으며, 세액

오랫동안 쌓아온 것들이 파괴되는 데 걸리는 시간은 단 몇 분

공제 등의 혜택으로 저축을 장려하는 세이빙 게이트웨이Saving Gateway 사업도 중단 위기에 있다."

벌을 받은 수백만 명 중에는 수십만의 젊은이들이 있습니다. 사다리 꼭대기의 공간은 무한정 넓으며 거기 다다르는 데 필요한 것은 대학 졸업장이 전부라고 믿거나, 믿는 척 행동하는 것 외에 다른 선택권이 없었던 이들이죠. 그 과정에서 쓴 대출금을 상환하는 일은 일단 그 꼭대기에 도달함으로써 신용도가 새롭게 달라질 것을 감안하면 유치하다 싶을 만큼 쉬워 보였습니다. 하지만 지금 이들이 직면하게 된 미래란 회신 받을 가망이 없는 입사 지원서를 쓰고 또 쓰면서 기약 없는 실업 상태를 견디거나, 꼭대기 한참 밑의 미래가 없는 불안정한 직업을 유일한 대안으로 받아들이는 것뿐입니다.

모든 세대에 낙오자의 기준이 각각 존재한다는 말은 사실입니다. 각 세대에 낙오자의 지위를 부여받는 사람이 생기는 이유는 '세대교체'가 되면서 삶의 조건과 요구에 반드시 어떤 중대한 변화가 생기기 때문입니다. 현실은 과거의 조건을 바탕으로 한 기대와 어긋나며, 개발과 촉진에 사용되었던 기술들은 평가절하되죠. 이런 변화들이 의미하는 바는, 새로운 세대를 맞은 이들 중 일부는 새롭게 출현한 기준에 적응할 만큼 유연하거나 재빠르지 못하며, 따라서 새로운 도전에 맞서 싸울 준비가 되어 있지 않거나 도전의 압박에 저항할 무기를 갖추고 있지 못할 거라는 사실입니다. 하지만 한 세대 전체가 낙오자의 대열에 휩쓸리는 일은 자주 일어나지 않죠. 그 드문 일이 지금 일어나고 있는 건지도 모르겠군요.

전후 유럽사의 흐름에서 몇 번의 세대교체가 주목을 받았습니다. 먼저 '베이비 붐' 세대가 있었고, 각각 X세대와 Y세대로 불리는 세대가 뒤를 이었습니다. (레이건식/대처식 경제의 붕괴가 가져온 충격만큼 최근은 아니지만) 가장 최근에는 Z세대의 도래가 임박했다는 예고가 있었죠. 이 각각의 세대교체는 다소 충격적인 사건이었습니다. 각 사례마다 연속성이 붕괴되고 때로는 고통스러운 재조정이 불가피함을 알리는 조짐이 있었죠. 이것은 모두 물려받고 학습한 기대가 전혀 예상치 못한 현실과 충돌할 때 일어납니다. 하지만 2010년 이후 뒤를 돌아보면, 최근 경제 붕괴로 일어난 엄청난 변화 앞에서는 지난 세대들 사이의 과도기도 세대 간 연속성의 전형처럼 보이고도 남는다는 사실을 깨닫지 않을 수 없을 겁니다.

지난 수십 년 동안 기대 수준이 꾸준히 상승한 결과, 성인의 삶으로 새로 진입한 대학 졸업생들은 기대치의 하락을 경험합니다. 이 하락은 너무 급작스럽고 가팔라서 서서히 또 안전히 하강하리라는 희망을 무너뜨리죠. 선배들이 삶의 과정에서 통과해야 했을 몇몇 터널들 끝에는 눈부시게 밝은 빛이 있었습니다. 이제 그곳엔 길고 어두운 터널밖에 없어요. 깜빡거리며 명멸하다가 순식간에 사라지는 불빛들 몇 개만이 헛되이 어둠을 가르려 할 뿐이죠.

79

이 세대는 전후 최초로 사회적 지위가 하강 이동될 것이라는 전망을 맞닥뜨린 세대입니다. 이들의 윗 세대는 자녀들이 자신이 어렵게 도전해 성취한 것보다 더 높은 목표를 꿈꾸며 더 멀리 도달하리라 기대하도록 학습되었어요. 세대 간에 '성공의 재생산'이 일어나, 이들 자신이 부모 세대의 성취를 따라잡은 것처럼 자신들의 기록도 손쉽게 깨지리라 예상한 거예요. 부모 세대는 자녀가 더 폭넓은 선택지를 가지며, 각각의 선택지는 다른 선택지보다 더 매력적이리라 기대하는 데 익숙합니다. 자식이 더 나은 교육을 받고, 더 높은 학벌과 직업의 사다리에 오르며, 더 부유하고 안정적인 삶을 살 거라고 생각하는 거죠. 그래서 이들은 부모의 도착 지점이 자녀의 출발 지점이라 믿습니다. 그 지점에서 더 많은 길들이 뻗어 나오며 그 길은 모두 위로 이어져 있다고요.

지금 이른바 '노동 시장'에 진입했거나 진입을 준비하고 있는 이 세대의 젊은이들에게는 부모의 성공담을 뛰어넘고 앞지르는 것이 일생의 과업입니다. 이들은 이 과업을 달성하는 것이 (잔인한 운명의 장난이나 충분히 교정할 수 있는 본인의 부족함을 제외하면) 완전히 자기 능력에 달린 일이라고 믿도록 준비되고 연마되었어요. 부모가 아무리 멀리까지 도달했든 더 멀리 갈 수 있을 거라고요. 그래서 어쨌든 이들은 믿으라는 가르침과 주입식 교육을 받아왔습니다. 재미도 없고 가혹하며 불친절한 세계를 맞이할 준비는 전혀 되어 있지 않은 거죠. 새로운 세계에서 젊은이의 지위는 하락하고, 애써 얻어낸 장점들은 평가절하를 당합니다. 기

지그문트 바우만, 소비사회와 교육을 말하다

회의 문은 닫히고 고용 불안정과 고질적인 실업이 만연하며, 전망은 일시적일 뿐인데 좌절은 오래가죠. 이 세계는 사산된 기획과 좌절된 희망, 그리고 부재하기 때문에 더 눈에 띄는 기회의 세계예요.

지난 수십 년은 모든 형태의 고등교육이 무제한으로 확대되고 학생 집단의 규모가 걷잡을 수 없이 커진 시기였습니다. 대학 학위는 근사한 직업과 부와 영광을 약속했으며, 학위를 소지한 계층의 점진적 확대와 더불어 그에 상응하는 보상도 착실히 증가했죠. 학위의 수요 공급이 미리 정해진 방침에 따라 거의 자동적으로 확실히 조절되는 것처럼 보였기에 이 유혹을 뿌리치기란 불가능했습니다. 하지만 이제 유혹에 굴복했던 사람들은 하루아침에 몽땅 좌절한 군중으로 전락했어요. 한 해의 졸업생 전원이 일시적이고 불안정한 임시 시간제 일자리, 또는 '실습'의 탈을 쓴 무급 '수습 직원'이라는 가짜 일자리를 얻을 것이 거의 확실한 현실에 직면했습니다. 현존하는 사람들의 기억에는 처음 있는 일이죠. 이러한 모든 일자리는 졸업생들이 습득한 기술에 훨씬 미치지 못하며 그들의 기대 수준과 억만년은 떨어진 일자리들입니다. 하지만 남은 길이라고는 다음 연도의 졸업생들이 이미 엄청나게 긴 취업 상담소 대기자 명단에 이름을 올릴 때까지 실업자로 남는 것밖에 없어요.

우리가 살고 있는 자본주의 사회는 가장 먼저 특권 지배 계층을 보호하고 방어하게 되어 있어요. 나머지 계층을 박탈로부터

오랫동안 쌓아온 것들이 파괴되는 데 걸리는 시간은 단 몇 분

건져내는 일은 (사람들의 주의와 관심에서 벗어나) 한참 뒤로 밀려나죠. 이런 사회에서 목표는 저 높은 곳에 있지만 수단은 부족한 졸업생들이 지원을 받거나 구제받기 위해 의지할 이는 아무도 없습니다. 키를 잡고 있는 사람들은 정치적으로 오른쪽, 왼쪽을 막론하고 지금 힘 있는 유권자들을 ─ 신참자들로부터, 즉 가소로울 만큼 미숙한 힘조차 제대로 내보이지 못하고, 다음 총선이 끝날 때까지 본격적으로 힘을 과시하는 것을 미룰 가능성이 매우 높은 이들로부터 ─ 지키는 일에만 분연히 일어나죠. 마치 집단으로서의 우리가 세대의 특징과 상관없이, 태어나지 않은 세대의 생계 수단을 요구하기보다 우리 자신의 안락함을 지키는 데 열심인 경향이 있는 것처럼요.

정치학자 루이 쇼벨Louis Chauvel은 2011년 1월 4일 자《르몽드》에 실린 〈젊은이들의 잘못된 출발Les jeunes sont mal partis〉이라는 제목의 기고문에서 2010년 졸업생에게서 관찰할 수 있는 "분노, 더 나아가 증오"에 주목합니다. 그리고 이렇게 묻죠. "퇴직연금 개혁에 격분한 프랑스 베이비 붐 세대의 분노와, 아예 퇴직연금을 받을 권리마저 행사하지 못하는 2010년도 졸업생의 분노가 결집될 날은 언제인가?" 그러나 우리가 물을 (그리고 물어야 할) 질문은 이 둘이 만나면 무슨 일이 벌어질까 하는 것입니다. 새로운 세대 전쟁이 벌어질까요? 실의에 빠진 중산층이 낙담하고 있는 가운데 주변부 극단주의자들의 공격성이 급증할까요? 아니면 우리가 살고 있는 이 세계 ─ 이중성을 생존 무기로 사용하며

지그문트 바우만, 소비사회와 교육을 말하다

희망을 생매장하기로 악명 높은— 는 더 이상 지속 가능하지 않으며, 이미 한참 늦기는 했지만 세대를 뛰어넘어 쇄신이 필요하다는 합의가 이뤄질까요?

하지만 이제부터 졸업할 학생들의 미래는 어떨까요? 이 졸업생들이 윗 세대가 하게 되어 있었던 임무, 좋든 싫든 해왔던 임무들을 가급적 빨리 떠맡아야 할 사회의 미래는 또 어떨까요? 그 사회에서 이 졸업생들은— 좋든 싫든, 계획적으로든 무의식적으로든— 지식과 경쟁력, 지구력과 배짱, 도전에 맞서 이를 극복하고 한발 더 정진하는 능력 등 새로운 사회에 요구되는 기술의 총계를 산출해야 할 것입니다.

지구 전체가 포스트산업시대에 접어들었다는 말은 시기상조의 무책임한 말일 것입니다. 그러나 영국이 벌써 수십 년 전에 그런 시대에 접어들었음을 부인하는 것 또한 못지않게 무책임한 듯합니다. 영국 산업은 20세기 내내 19세기 영국 농업이 겪었던 운명을 되풀이했습니다. 세기의 출발점에는 그 분야에 종사하는 인구가 넘쳐났다가 종착점에서는 줄어드는 거죠. (사실 현재 서구의 '가장 발전한' 국가들에서는 산업 노동자가 전체 노동 인구의 18퍼센트를 넘지 않습니다.) 하지만 너무 자주 간과되는 사실은, 국가의 노동 인구에서 산업 노동자 수가 감소함과 동시에 경제 및 정치 엘리트 내의 산업 자본가 수도 감소한다는 겁니다. 우리는 계속 자본주의 사회에 살고 있지만 자본으로 결정권을 획득하는 자본가들은 더 이상 광산이나 항만, 철강이나 자동차 업체

오랫동안 쌓아온 것들이 파괴되는 데 걸리는 시간은 단 몇 분

의 소유주가 아니에요. 미국의 상위 1퍼센트 부자들 중 산업 자본가에 속하는 사람은 6명당 1명이며, 나머지는 금융업자, 법률가, 의사, 과학자, 건축가, 프로그래머, 디자이너, 무대와 스크린과 경기장에서 활약하는 온갖 유명인입니다. 현재 자본이 가장 많이 몰리는 곳은 자산을 운용하고 배분하는 곳과, 새로운 기술 장비와 커뮤니케이션 도구, 홍보 및 마케팅 전략을 발명하는 곳, 그리고 예술계와 엔터테인먼트 분야예요. 달리 말하면, 아직 개척되지 않은 새롭고 창의적이며 눈길을 끄는 아이디어들이 있는 곳이죠. 바로 이 반짝이는 '유용한(잘 팔리는)' 아이디어를 가진 이들이 오늘날 사다리의 꼭대기를 차지합니다. 오늘날 '경제 성장'으로 이해되는 것에 가장 많이 기여하는 부류도 이런 사람들이죠. 자본은 주된 '결핍 자원'으로 형성되며 그것을 소유하고 경영하는 사람들이 부와 권력의 원천이라고 할 때, 오늘날과 같은 포스트산업시대의 결핍 자원은 지식과 독창성, 상상력, 생각하는 능력, 그리고 다르게 생각하는 용기입니다. 바로 대학이 창출하고 전파하며 고취하도록 요청되었던 자질들이기도 해요.

약 100년 전 보어 전쟁이 일어났을 당시 영국의 국력과 경제 번영을 책임지던 관계자들은, 영양 결핍으로 쇠약해지고 건강이 나빠져 작업장이나 전장에 육체적·심적으로 부적합한 신병들이 많으며 그 수가 더욱 늘고 있다는 소식을 듣고 큰 충격을 받았습니다. 이제 (빠르게 상승하는 세계적 기준에 비추어 보아 틀림없이) '교육 결핍'인 사람들이 점점 늘어나게 될 미래를 걱정해야 하는 시대가 왔습니다. 연구 실험실, 디자이너의 작업실, 강의실, 예술가의 작업실이나 정보 통신망 등의 분야에서 일하기 부적합한 사람들이 늘어나겠죠. 이것은 모두 대학 자원이 축소되고 일류 대학 졸업생 수가 감소한 결과입니다. 정부의 고등교육 재정 삭감은 곧 성인이 될 세대가 맞이할 삶의 전망의 삭감인 동시에 영국 문명의 미래 수준과 입지, 유럽과 세계에서 영국이 차지하게 될 위상과 역할의 삭감입니다.

정부의 재정 삭감과 동시에 대학 등록금은 전에 없이 맹렬하고 가파르게 치솟고 있습니다. 우리는 철도 요금, 전기 요금, 쇠고기 가격이 몇 퍼센트만 올라도 크게 놀라 정부를 비난하는 데 익숙합니다. 하지만 300퍼센트의 인상률 앞에선 어떻게 반응해야 할지 모른 채 어안이 벙벙하고 당황해 무력감과 박탈감을 느끼죠. 우리에겐 쓸 수 있는 방어 무기가 없어요. 마치 최근 각국 정부가 파산 위기에 처한 은행 금고에 수십억에서 수조 달러를 한꺼번에 쏟아부었을 때처럼 말입니다. 이 공적 자금들은 수십 년 동안 학교와 병원과 복지 기금, 또는 도시 재개발 예산으로 책정됐고, 또 책정됐어야 할 수백만 달러를 구두쇠처럼 아끼고 그에 따른 소송까지 마다하지 않아가며 마련한 것이죠. 자신들이 물려받은 유산이 상환이 임박한 엄청난 규모의 국가 부채임을 깨달았을 때 우리 손자 세대가 느낄 참담함과 비통함은 감히 상상하기 힘듭니다. 우린 그런 상황을 상상할 준비가 되어 있지 않아요. 우리 손자들이 술독째 들이마셔야 할 쓰디쓴 술을 정

오랫동안 쌓아온 것들이 파괴되는 데 걸리는 시간은 단 몇 분

부의 은덕으로 미리 한 모금 맛본 지금까지도요. 또 우리는 지식 분배의 중심으로 들어가는 입구를 등록금이라는 베를린 장벽 또는 팔레스타인 장벽으로 가로막은 사회와 문화가 어디까지 황폐해질 것인지도 거의 상상하지 못하고 있죠. 그럼에도 우리는 이를 상상할 의무가 있고, 상상해야 합니다. 모두가 공유하게 될 미래의 위험에 대해서요.

재능과 통찰력과 독창성과 모험심 — 역시 재능과 통찰력과 독창성과 모험심이 가득한 대학 교수들의 손에서 다이아몬드로 세공되기를 기다리는 원석들 — 은 인류 전체에 거의 고르게 퍼져 있지만, 인간이 '벌거벗은 생명(조에)'으로부터 '사회적 생명(비오스)'■으로 가는 길목에 세운 인공 장벽이 이 원석들을 알아보지 못하게 가로막고 있어요. 다이아몬드 원석들은 광맥을 선택하지 않습니다. 자연이 보내는 곳에 머물며, 인간이 만들어낸 구분에도 거의 관심이 없습니다. 그렇지만 인간이 만든 구분에 따라 원석의 일부는 세공 등급으로 선별되고 나머지는 '세공될 뻔한' 범주로 밀려나죠. 게다가 사람들은 이 작업의 흔적을 덮기

■ 고대 그리스인들은 생명을 두 가지로 구별했다. '조에(zoe)'가 단순히 살아 있는 '벌거벗은 생명'을 뜻한다면, '비오스(bios)'는 정치 공동체 폴리스에서 어떤 선을 실현하는 '가치 있는 생명'을 뜻했다.

지그문트 바우만, 소비사회와 교육을 말하다

위해 전력을 다합니다. 대학 등록금이 3배로 인상되면 사회문화적으로 박탈된 빈곤 지역 출신 젊은이들은 대학이라는 기회의 문을 두드릴 의지와 용기가 있어도 좌절할 수밖에 없어요. 결국 매년 입시에서 나머지 지역에 제공되던 다이아몬드 원석의 공급이 끊기게 되겠죠. 오늘날 인생의 성공, 특히 사회적 신분 상승은 지식과 재능과 통찰력, 독창성과 모험 정신의 결합으로 가능해지고, 촉진되고, 작동되는 경향이 있으므로, 3배로 오른 대학 등록금은 계급 없는 사회를 지향했던 영국 사회를 적어도 반세기는 후퇴시킬 겁니다. '계급이여, 안녕'을 외치는 학문적 발견이 넘쳐난 지 불과 몇십 년 만에 '계급의 귀환을 환영 : 과거는 다 잊었음'이라 쓰인 논문이 범람할 날도 멀지 않았음을 예상할 수 있는 거죠.

이것은 아마 정말로 예상할 수 있는 일일 겁니다. 그러므로 사회적 책임을 다할 필요가 있고 그 책임을 감당하리라는 기대를 받는 우리 학자들은 대학을 소비자 시장에 맡김으로써 생기는 (국가의 지원 철회와 3배에 달하는 등록금 인상을 합친) 당장의 피해보다 더 큰 피해를 걱정해야 합니다. 연구 계획의 중복이나 보류 및 폐기, 그리고 아마도 교수 대 학생 비율, 교수 환경과 질의 추가적 악화와 같은 측면에서 말이죠. 분명히 예상되는 것은 계급 구분의 부활입니다. 자녀가 대학에 가려면 부모 자신이 평생 진 빚보다 더 많은 빚을 져야 하는 상황을 눈앞에 둔 부유하지 않은 부모가 망설일 이유는 충분하고도 남으니까요. 또 이런 부모의 자녀 역시 바로 앞서 졸업한 선배들이 직업소개소 앞에 줄서 있는 모습을 목격한다면 이 모든 것의 의미를 다시 생각해볼 겁니다. 3년 동안 허리띠를 졸라매고 힘든 공부를 마친 뒤 마주할 최종 선택지가 현재 자신 앞에 놓인 선택지보다 그리 크게 매력적이지도 않다면요.

그러니 다시 한 번 말하건대, 수천 개의 두뇌와 그 두 배에 달하는 손들이 오랫동안 쌓아 올린 것들을 파괴하는 데는 단 몇 분의 시간과 몇 번의 서명만으로 충분합니다.

지그문트 바우만, 소비사회와 교육을 말하다

9

소비자 산업의
첨병으로서의 젊은이

리카르도 마체오 우리가 사는 '소비자 세계'에는 — 튀니지나 이집트의 젊은이들보다 온건한 방식이기는 하지만 — 부당한 권력에 올바르게 저항하는 젊은이들 말고도, 전혀 윗세대를 존경하지 않는 부류의 젊은이들이 있습니다. 미겔 베나사야그와 제라르 슈미트가 "슬픈 열정의 시대"에 관해 쓴 책에서 언급한 대로 "원칙에 대한 감각"을 잃은 젊은이들이라 할까요. 여기서 원칙에 대한 감각이란 이 세계에서 아이들에게 존경을 받을 만큼 오래 산 부모나 교사가 갖는 우선순위와 권위에 대한 감각을 말합니다.[8] 아도르노는 60년도 더 전에 《미니마 모랄리아》라는 책에 실린 두 번째 아포리즘에서 젊은이들의 이런 의외의 태도를 묘사했죠.

적대적 사회에서는 세대 간 관계마저 적나라하고 노골적인 폭력이 도사린 경쟁 관계다. 그러나 오늘날 우리는 오이디푸스 콤플렉스보다 존속 살해에 가까운 단계로 빠져들기 시작하고 있다. 노인층 학살은 나치가 저지른 상징적 악행 중의 하나다. …… 극심한 공포가 느껴지겠지만 우리가 깨달아야 할 것은 이 세계의 대표자인 부모 세대에 등을 돌리며 우리는 어느새 자신도 모르게 더 나쁜 세계의 대변인이 되는 경우가 많다는 사실이다.[9]

소비자 산업의 첨병으로서의 젊은이

오늘날 '소아 혐오paedophobia' 현상이 점점 더 널리 퍼지는 한편, 절반 이상의 부모들은 청소년기의 아들에게 신체적으로 학대당하지 않을까 두려워하고 있습니다.

지그문트 바우만 "젊은이들을 또 다른 사회적 부담으로 여기는 시각이 퍼지면서 이들은 더 이상 더 나은 미래를 약속하는 담론에 포함되지 않게 되었다. 대신 이제 이들은 처분 가능한 인구, 그 존재가 어른의 책임이라는 억압된 집단 기억을 상기시킬 위험이 있는 인구의 일부로 간주된다."[10] 2011년 2월 3일 〈일회성 시대를 사는 젊은이〉라는 제목의 에세이에서 헨리 A. 지루Henry A. Giroux는 말합니다.

사실 젊은이들이 전적으로 '처분 가능'하기만 한 것은 아닙니다. 이들이 ― 가까스로이기는 하지만 ― 단순한 일회성의 운명에서 벗어나 어른들의 관심의 대상이 되는 이유는 현재 소비자 수요에 기여하고 있으며, 장차 더 많이 기여할 잠재력이 있기 때문입니다. 젊은이의 대열이 줄지어 등장한다는 것은 손이 타지 않고 경작을 기다리는 '처녀지'가 끊임없이 공급됨을 의미하죠. 이런 땅이 없다면 경제 성장은 고사하고 자본주의 경제의 단순 재생산마저 어려워질 겁니다. 젊은이는 상품화되고 착취될 '또 하나의 시장'으로 관심과 주목을 받는 셈이에요. 지루는 다음과 같이 말을 잇습니다. "문화는 인터넷, 다양한 소셜 네트워크, 휴대전화와 같은 새로운 미디어 기술을 이용해 아이들 삶의 모든 측면을 상업화하는 교육적인 힘을 지닌다." 기업이 목표하는 바는 "이런 힘을 통해 청소년들을 과거에 목격한 그 어느 방식보다 직접적이고 광범위하게 대량 소비의 세계에 젖어들게 하는 것이다." 그리고 그는 카이저가족재단의 최근 연구 결과를 인용합니다. "8세에서 18세까지의 청소년들이 스마트폰, 컴퓨터, 텔레비전, 기타 전자 기기들을 이용하는 시간은 5년 전 하루 6시간 30분 미만이었던 데 비해 현재는 하루 7시간 30분 이상으로 증가했다. 휴대전화로 문자와 통화를 하고 '텔레비전을 보며 페이스북을 하는' 등의 멀티태스킹을 하는 시간까지 더하면 하루 총 미디어 이용 시간은 11시간에 육박한다."

지루가 수집한 것에 계속 새로운 증거를 추가할 수도 있습니다. '청년 문제'의 쟁점은 '청년을 소비자로 반복 훈련시키는' 것임을 타당하고 정확하게 입증하는 증거들이 점점 늘고 있어요. 청년과 관련된 다른 문제들은 한쪽으로 밀려나거나 정치, 사회, 문화적 의제에서 몽땅 증발되죠. 한편 이미 언급했던 것처럼 고등교육에 대한 가차 없는 정부의 재정 지원 제한은 똑같이 가차 없이 오르는 대학 등록금과 짝을 이룹니다. 사실상 국가는 '국민을 교육하는' 의무에서 손을 떼기로 결정했어요. 이 결정은 교두보 또는 최전선의 영역인 '최첨단'에서는 매우 노골적이지만, 공립 중등학교를 소비자 시장에 의해 운영되는 '사립학교'로 대체한다는 발상이나, 국가가 마음대로 처분할 수 있는 지식과 기술의 총량을 결정하거나 그 인구 범주들 사이의 분배를 결정하는 수준에서 그러하듯 간접적이기도 하죠. 어쨌든 이것은 모두 국가의 미래를 책임질 정치, 문화 엘리트로서의 젊은이들에 대한 관심이 사라지고 있다는 증거입니다. 다른 한편으로 페이스북과 같은 '소셜 웹사이트'는 젊은이에게 초점을 맞추고, 무엇보다 젊은이를 전진하는 소비지상주의 군대에 의해 정복되고 착취되기를 기다리는 '처녀지'로 취급하려는 광고 대행사들에게 새로운 전망을 열어주죠.

페이스북 중독자들은 수천 명의 온라인 친구들과 수백만 명의 온라인 산책자들에게 낙천적이며 열정적인 자기 노출을 하고 있어요. 그 덕분에 마케팅 관리자는 가장 친밀하고, 표면상으로는 가장 '개인적'이고 '유일무이'한, 뚜렷이 의식되거나 반쯤만 의식된, 이미 끓어넘치고 있거나 아직은 예상만 할 뿐인 욕망과 욕구들을 소비지상주의의 파괴적 힘과 연결할 수 있게 되었죠. 이제 페이스북 화면에는 '특별히 당신을 위해' 준비되고, 다듬어지고, 세심하게 업그레이드된 맞춤 제안이 떠오릅니다. 유혹에 저항할 수 없기에 거부할 수도 없는 제안이죠. 결국 당신이 항상 진정으로 필요했던 이것은 '당신의 유일무이한 개성에 꼭 들어맞으며', 그런 취지를 강렬하게 '표명'하고 있으니까요. 이것은 당신이 늘 표현하고 싶어 했던 그 무엇이며, 당신이 유일무이한 개성의 소유자임을 보여줍니다. 마케팅의 성공 여부를 결정지을 진정한 돌파구임이 틀림없죠.

마케팅에 쏟아붓는 엄청난 비용 중 예상 구매자의 욕구를 탐지

지그문트 바우만, 소비사회와 교육을 말하다

하고 주입하고 개척해 특정 상품에 대한 구매 결정으로 연결하는 일에 가장 많은 비용을 투입한다는 사실은 잘 알려져 있죠. 살 압 딘Sal Abdin이라는 마케팅 어드바이저는 마케팅 고수를 대상으로 한 온라인 상담에서 바로 이 마케팅의 임무에 관해 말합니다.

당신이 드릴을 팔려고 한다면 더 나은 구멍을 뚫는 법에 관한 글을 쓰세요. 드릴과 드릴의 사양만 광고했을 때보다 매출이 훨씬 더 오를 겁니다. 왜냐고요? 드릴을 사면서 드릴을 원하는 사람은 아무도 없기 때문이죠. 사람들이 원하는 건 구멍이에요. 그러니 구 멍을 뚫는 법에 대한 정보를 주는 게 훨씬 효과적이죠. 다이어트 강좌를 판매하고 싶다고요? 그럼 날씬해졌을 때의 좋은 점을 팔아 보세요. 더 건강해진다든가, 더 상쾌한 기분을 느낀다든가, 쇼핑이 즐거워진다든가, 이성의 반응이 달라진다든가. …… 무슨 말인지 아시겠어요? 상품의 이점을 팔면 구매자가 판매 사이트를 방문할 때 상품은 저절로 팔리게 될 거라는 얘기예요. 상품의 특징을 언급 하되 그것이 구매자의 삶을 더 낫게, 편하게, 빠르게, 행복하게, 성 공하게 만들 거라는 점을 강조하라는 거죠. …… 아셨나요?

물론 이것이 편리한 삶을 약속하는 것은 아닙니다. 구매를 원 하는 고객과 판매를 원하는 상품이 만나는 평탄하고 빠른 지름 길도 아니죠. 구멍을 깔끔히 뚫고 싶은 욕망을 발전시켜 욕망의 실현을 약속하는 드릴과 연결하는 일은 아마 불가능하지는 않을 겁니다. 하지만 글을 읽는 이의 상상에 욕망이 안착하여, 가장 큰 꿈으로 자라날 때까지 충동질하려면 시간과 기술이 필요하겠죠. 마침내 바라던 만남이 일어난다 해도 영광스러운 달성의 순간까지 가는 길은 멀고 험하며, 무엇보다 정말 도달하기 전까지는 진짜 도달하리라는 보장도 없어요. 더구나 그 길은 미지의 보행자들까지 수용할 수 있을 만큼 넓고도 잘 닦여 있어야 하죠. 그러나 실제 그 길을 걷기로 한 사람이 몇 명이 되든, 그 길을 그토록 넓고 걷기 좋게, 유혹적이고 솔깃하게 만드는 데 들어간 막대한 비용은 정당화되지 못할 가능성이 큽니다.

이것이 바로 앞서 페이스북이 제시한 기회를 '진정한 돌파구'라 부른 이유예요. 페이스북은 마케팅 예산에서 '길을 닦는 비용'을 전부 또는 거의 절감할 수 있는 기회입니다. 책임 소재에 관한 다른 많은 경우들이 그렇듯, 페이스북으로 인해 예상 고객의 욕망을 개발하는 임무는 (마케팅) 관리자로부터 고객 자신에게로 옮아갑니다. 페이스북 사용자들이 매일 (무급으로!) 자발적으로 축적하고 있는 데이터뱅크 덕분에 이제 마케팅 기획자들은 이미 '준비되고' 무르익고 성숙한, 그리고 알맞은 욕망을 갖춘 (그래서 깔끔한 구멍의 아름다움을 설교할 필요가 거의 없는) 고객을 실패 없이 찾아내죠. 페이스북의 마케팅 기획자들은 '특별히 당신을 위해 준비된, 오직 당신만의 개인적 요구를 충족시키기 위한' 선물이라는 — 기분 좋고 우쭐한 — 두 배로 매력적인 가면을 쓰고 직접 고객에게 다가갑니다.

어리석은 시대에 어울리는 어리석은 질문을 하나 해보죠. 젊은이들을 일회성 운명에서 구할 마지막 보루는 아마도 이 일회성의 시대에 소비자 산업이 낳은 과잉을 처리할 첨병으로서 이들의 능력이 새롭게 발견되었다는 사실 아닐까요?

10

서로를 이해하려는 노력이

창조성의 풍부한

원천이 된다

리카르도 마체오 방금 선생님께서 이탈리아 월간지《E》와 인터뷰 하신 내용을 읽었습니다. 거기서 선생님께서는 "재독 터키인들은 새로운 조국인 독일을 사랑하며 독일의 시스템 안에 살고 싶어 하지만, 독일인이 되기를 '고민'"한다는 이야기를 하셨죠. 선생님의 글을 읽고 한 달 전《코리에레 델라 세라Corriere della Sera》지의 베를린 통신원이 쓴 기사를 떠올리지 않을 수 없었는데요. 내용인즉, 어떤 터키 가족이 잔디밭에서 고기를 굽는 걸 본 옆자리 독일 가족들이 고성을 지르며 당장 불을 끄게 했답니다. 터키 음식 냄새가 고약하다는 이유였죠. 그런 다음 독일 가족들은 불과 5미터쯤 떨어진 곳에 텐트를 치고 독일 사람들이 평소 하던 대로 벌거벗고 일광욕을 했어요. 이를 보고 터키 가족의 아버지가 얼마나 분노했으며, 어머니와 딸은 얼마나 당황했을지 충분히 상상할 수 있을 겁니다. 터키인들에게 있어 독일인들의 행위는 정숙함에 대한 모독이었으니까요. 프랑스의 인류학자 마르크 오제Marc Augé는 최근의 책《이중생활 : 민족학과 여행과 글La vie en double: Ethnologie, voyage et écriture》에서 인류학의 과제는 유럽 바깥의 인구는 물론 "서구 세계의 파악하기 힘든 복잡성"을 다루는 것이라고 설명합니다. '자연스러워' 보이는 것조차 실은 문화적으로 구성된 것이고, 다양한 맥락과 시대와 전통에 따라 달

서로를 이해하려는 노력이 창조성의 풍부한 원천이 된다

라지죠. 이런 종류의 사고는 체제 전복적인데, 절대적 진리의 존재를 부인하고, 따라서 모든 권력 형태의 정당성 또한 부인하기 때문입니다. 오제는 인류학자를 스탕달의 유명한 소설《파름 수도원La Chartreuse de Parme》에 나오는 주인공 파브리스 델 동고와 비교합니다. 그는 지금 무슨 일이 벌어지고 있는지도 모른 채 워털루 전쟁터 한복판을 헤매고 다니죠. 제한된 시야로 지구 전체에서 벌어지는 전투를 다 파악하지 못하는 인류학자들에게도 같은 일이 일어납니다. 특히 영국 총리 데이비드 캐머런David Cameron과 독일 총리 앙겔라 메르켈Angela Merkel도 이와 같은 경우라 할 수 있겠는데요. 지극히 좁은 시각을 가진 이 두 사람은 더 이상 적절하지 않게 된 동화同化의 모델과는 다른 공존의 방식들을 탐색하여 기회를 주는 대신 다문화주의의 사망을 선고하고 말았습니다.

서로를 존중하는, 새로운 공존의 길로 나아가는 점진적 과정은 선생님께서 이전 답변에서 잘 설명해주신 대로 자신의 기득권을 지키는 데만 급급한 정치인들로부터는 나올 수 없다고 생각합니다. 그것은 폭발 직전의 실험실처럼 부글부글 끓고 있는 젊은이들 간의 상호 관계로부터 나와야 할 것입니다.

지그문트 바우만 인류학자들은 오랫동안 머리를 싸매고 하나의 문화에서 또 다른 문화로 정보를 전달하는 기술을 고민해왔습니다. 하지만 아직까지 위험과 오류를 피할 수 있는 독창적인 방법

지그문트 바우만, 소비사회와 교육을 말하다

을 찾지 못했죠. 이들이 찾아낸 것은 기껏해야 '나아가는 방법'일 뿐, 도달하리라는 확실한 보장은 없습니다. 한스게오르크 가다머의 관점에서 정확한 이해의 필수 불가결한 조건인 완전한 '지평의 융합'■은 요원하고 아마도 도달할 수 없는 목표일 거예요. 이문화 간 소통의 실천에는 덫이 널려 있으며, 오해는 예외라기보다 원칙인데, 문화적 어법들을 어떻게 짝지어도 하나를 다른 하나로 완전히 번역할 수 없기 때문입니다. 어떤 메시지가 수신자에게 완전히 이해되려면 어쨌든 수신자의 정신적 틀에 맞춰질 필요가 있어요. 따라서 왜곡이 발생하죠. 만일 메시지가 원래 그대로의 형식을 유지한다면 단지 부분적으로만 이해될 수밖에 없을 것입니다. 어쨌든 지금까지 이것이 게임의 상황이에요. 골치 아픈 일임은 틀림없지만 그렇다고 비극적인 것만도 아니죠. 우리는 이 모든 난관을 무릅쓰고 어떻게든 서로 다른 문

■ 지평의 융합(Horizontverschmelzung): 독일 철학자 한스게오르크 가다머(Hans-Georg Gadamer, 1900~2002)가 제시한 개념이다. 인간은 자신이 자라온 지적 전통, 세계관, 가치관 등을 바탕으로 한 선입관의 체계를 갖고 있으며, 이 선입관을 통해 세계를 이해한다. 가다머는 이것을 이해의 '지평'이라 불렀으며, 다른 시대나 문화를 이해하기 위해서는 과거와 현재, 나와 타자의 지평이 융합되고 확장되는 '지평의 융합'이 일어나야 한다고 보았다.

서로를 이해하려는 노력이 창조성의 풍부한 원천이 된다

화를 가로질러 소통해왔으니까요. 더 중요한 점은 서로를 이해하려고 애쓰는 수고로운 노력이 — 그 불행한 결말에도 불구하고 (또는 그 덕분에) — 문화적 창조성의 풍부한 원천임이 증명되어왔다는 것입니다.

'나아가는 방법'에 대한 다양한 충고 중에 독일 사회학자 노르베르트 엘리아스Norbert Elias의 '참여하기와 거리 두기engagement and detachment' 개념을 언급하고 싶습니다. 서로를 이해하려고 노력할 때, 타자와의 완전한 동일시와 완전한 분리라는 양극단 사이에서의 거리 조절이 필요하며 극단에 지나치게 가까워지지 않도록 항상 경계하고 있어야 한다는 주장이죠. 또 다른 전략으로는 독일 태생의 미국 사회학자 쿠르트 볼프Kurt Wolff가 주창한 '항복과 포획물surrender and catch'이 있습니다. '항복'은 다른 문화 안에 최대한 깊이 들어가 그 문화가 가진 유일무이한 것을 간파하는 행위를 말하며, '포획물'은 그 과정을 통해 갖고 돌아온 풍부한 전리품을 말합니다. 하지만 양쪽 방법론 모두 브로니슬라프 말리노프스키Bronisław Malinowski의 '참여 관찰'■과도 유사하게 이문화 간 접촉에서 연구자와 연구 대상, 주체와 객체를 엄격히 구별한다는 전제에서 출발하죠. 주체 '나', 인류학자의 목적은 — 그 반대편 사람들이 나의 삶, 그리고 내 문화에 속한 사람들의 삶을 이해하는 데 진전이 있는지 없는지는 염두에 두지 않은 채 — 나와 반대편에 사는 사람들의 삶에 대한 지식을 습득하는 것입니다. 물론 가장 큰 문제는 인류학자 혼자 이국땅을 한 번

방문하고 마는 경우를 제외하고 이런 일방향적 설명이 과연 쓸모가 있느냐는 점입니다. 다시 말해 그 설명이 서로 다른 문화의 영구 공존과 화합에 대한 요구를 충족시킬 수 있느냐 없느냐죠.

여기에 대답하기 위해 미국의 인류학자 프랭크 해밀턴 쿠싱Frank Hamilton Cushing의 경험을 간략하게나마 언급해보도록 하겠습니다. 쿠싱은 말리노프스키가 트로브리안드 섬으로 추방되기 30년도 전에, 즉 '참여 관찰'이라는 말이 생겨나기도 전에 이를 실행한 진정한 선구자예요. (오스트리아 · 헝가리 제국 시민이었던 말리노프스키는 오스트레일리아 탐험 중 제1차 세계대전이 발발하자 본섬에 억류되었다가 곧바로 거기서 멀리 떨어진 트로브리안드 섬으로 보내졌습니다.) 쿠싱은 1879년부터 1884년까지 북아메리카 원주민 주니족Zuni과 함께 생활했습니다. 열정적이고 헌신적이며 양심적인 인류학자였던 그는 주니족의 생활세계Lebenswelt로 더욱더 깊이 파고들려고 최선을 다했죠. 그러나 자신의 발견을 동료 인류학

■　　초기 인류학자들의 연구 방법은 주로 본국의
연구실에서 선교사나 탐험가, 식민지
관료 등이 수집해 보내온 자료와 기록을
분석하는 것이었다. 그러나 말리노프스키
이후, 현지어를 습득한 연구자가 현장에
최소 1년 이상 체류하며 연구 대상자들의
일상에 참여하는 '참여 관찰(participant
observation)'이 인류학과 민족지학의 새로운
기준이 되었다.

서로를 이해하려는 노력이 창조성의 풍부한 원천이 된다

자들이 이해할 수 있는 형식으로 전달하려 할 때마다, 주니족이 창안한 의미들에 부당한 일을 저지르고 있는 듯한 느낌에 (사실상 절망했다고 할 정도로) 끊임없이 좌절했어요. 쿠싱은 원주민들의 삶의 형식에 '참여'하기 위해 그 이전의 어느 인류학자보다, 그리고 후대 대부분의 인류학자들보다 더 멀리 갔죠. 마침내 그는 주니족에게 '일족의 한 명'으로 받아들여졌습니다. 주니족 최고의 숭배 대상인 '활의 사제단priesthood of the bow'에 들어간 사실로도 확인되는 전대미문의 성과죠. 그 이후의 이야기는 동료 인류학자들에게 전달되지 않았습니다. '주니족의 한 사람'으로서 인류학 연구의 주체에서 객체로 바뀌어버린 거예요. 쿠싱은 접촉의 쌍방향성과 상호성을 의미하는 '호혜적 인류학reciprocal anthropology' 개념을 발전시키는 데 남은 생을 바쳤습니다. 그의 궁극적 목표는 학습과 교수가 동시에 일어나고, 서로를 탐구하는 동시에 탐구되는 쌍방의 평등이었죠. 이것이 진정한 의미를 가지려면 우리 평범한 사람들이 일상의 오해들을 의식하게 될 때, (특정 세대의 문화까지 포함한) 문화 간 소통에서 '해소'되어야 할 '문제'가 발생함을 인식할 때, 그리고 그 진퇴양난에서 빠져나올 길을 간절히 찾고 있을 때라는 맥락이 필요하다고 생각합니다.

그래서 우리는 다시 가다머로 되돌아갑니다. '지평의 융합'이라는 궁극적인 목표는 그것이 도달하기 힘들고 아마도 도달할 수 없기에 바람직하고 추구할 가치가 있다는 그의 결론으로 말입니다.

11

실업자도 복권은
살 수 있지 않나요?

리카르도 마체오 선생님의 동료 학자 앤서니 기든스Anthony Giddens는 2010년 말 대학 등록금 인상을 비판하며, 대학을 슈퍼마켓으로 만드는 이런 결정은 윤리적으로 부당할 뿐 아니라 경제적으로도 비생산적이라고 비판했습니다. 똑똑한 학생이 가난해서 대학에 가지 못하는 것은 사회적으로도 엄청난 손실이기 때문이죠. 이런 현상에 대한 선생님의 분석은 보다 근본적이고 포괄적이어서 이 문제에 대한 두 분의 시각을 비교하는 것은 소용없는 일 같습니다. 다만 기든스가 다룬 주제 중 선생님의 의견을 여쭙고 싶은 부분이 하나 있는데요. 기든스는 등록금 때문에 국가에 무거운 빚을 진다는 사실 때문에 학생들이 졸업 후 큰 수익이 보장되는 학부로 몰리며, 대다수가 경영자, 은행원, 변호사, 엔지니어 등의 직업을 택해 결국 인문학을 위기에 빠뜨리게 될 거라고 말합니다.

《공부를 넘어 교육으로Not for Profit : Why Democracy Needs the Humanities》에서 마사 누스바움Martha Nussbaum은 특히 미국과 인도의 교육 제도를 비교하며 교양 교육의 중요성을 열렬히 옹호합니다. 이 책의 이탈리아어판 서문을 쓴 툴리오 데 마우로는 우리가 '학교' 또는 '교육'이라고 부르는 이것의 복잡한 특징들을 강조하죠. 그래서 학교와 경제 발전이 맺는 관계를 단순화된 기계적 시

실업자도 복권은 살 수 있지 않나요?

각으로 바라보는 미국에서는 학생들이 주로 자연과학을 전공하고 (《뉴스위크》의 칼럼니스트 로버트 새뮤얼슨Robert J. Samuelson의 말을 빌리자면, "미국인은 교육으로 온갖 사회 문제를 해결할 수 있다는 과도한 믿음을 갖고 있다."), 오스트리아와 덴마크, 프랑스, 독일, 영국, 벨기에, 아일랜드와 포르투갈 등지에선 인문학이 점점 축소되고 있습니다. 반면, 인문학과 생생하고 풍성한 관계를 맺고 있는 나라들도 존재합니다. 고전을 교육의 기초로 삼고 있는 인도에서는 위대한 수학자들과 경제학자들이 탄생해왔고, 중국에서는 체계적인 고전 문헌 교육이 이루어지고 있죠. 일본과 중국은 (서구에서 그리스어를 가르치는 것과 마찬가지로) 의무적으로 한자를 가르치고 있으며, 이스라엘에서는 아이가 태어나자마자 성서 히브리어를 가르치기 시작해 점차 현대 히브리어로 나아갑니다.

기술적이거나 과학적인 학습만을 추구하며 오직 고전, 역사, 철학 교육을 통해 얻을 수 있는 더 넓고 풍성한 비판적 지평을 간과하는 것은 (데 마우로의 말을 빌려) "불완전하고 무익한" 일이라고 생각합니다. 나쁜 정보들 틈에서 좋은 정보를 걸러내고 찾게 해주는 문화의 도움 없이 인터넷의 힘으로 전 세계를 정복할 수 있다는 믿음이 위험하고 무익한 것처럼요.

지그문트 바우만 일류 졸업장을 수여하는 일류의 학문 기관 — 사회적 특권을 승인하거나 사회적 박탈을 보상하는 데 관대했던 기관들 — 은 해마다 한 걸음씩, 그렇지만 끊임없고 집요하게 '사회적' 시장을 이탈하며 젊은이 무리로부터 멀어지고 있습니다. 빛나는 보상을 기대하도록 불을 지피고 부채질했던 그 젊은이들로부터요. 2011년 3월 16일 자《뉴욕 타임스New York Times》에서 윌리엄 코헨William D. Cohan은 하버드 대학교의 1년 등록금 및 기타 비용이 지난 20년간 매년 5퍼센트씩 인상되었다고 지적합니다. 2011년에는 5만 2,000달러에 이르렀죠. "하버드 대학교의 등록금을 지불하려면 일반적으로 세전 연봉 10만 달러 이상을 벌어들여야 한다. 기타 가계비도 무시할 수 없다. 유류비, 주택 대출금, 식료품비, 의료비……. 액수는 금세 천문학적으로 불어난다."

그럼에도 2010년에는 3만 명이 하버드를 지원했고 그중 7.2퍼센트만 입학 허가를 받았습니다. 입학 수요는 과거에도 계속 많았고, 지금도 여전히 많아요. 터무니없이 오른 대학 등록금도 수천 명의 부모들에게는 여전히 전혀 장애물이 되지 않으며, 이들의 자녀가 하버드, 또는 다른 엘리트 교육기관에 진학하는 것은 그저 절차의 문제일 뿐입니다. 상속받은 권리의 행사, 또는 가문의 의무 이행, 국가의 부유한 엘리트 내부에 정당히 자리 잡기 전의 마지막 단추라고나 할까요. 하지만 여기 또 다른 수천 명의 부모들이 있습니다. 자녀의 엘리트 편입을 돕고, 그럼으로써 자신의 손자는 처음부터 엘리트의 일원으로 자라나리라는 기대가 합당해질 수 있다면 어떤 금전적 희생도 마다치 않는 이들이죠. 사회 이동의 촉진제 역할을 하도록 요구되는 대학이 부여된 역

실업자도 복권은 살 수 있지 않나요?

할을 외면했을 때, 후자의 부모들이 갖고 있던 부모로서의 야심과 아메리칸드림에 대한 믿음은 큰 상처를 입었습니다. 코핸은 다음과 같은 말로 이 부모들을 위로하죠. 아마도 "우리 중 가장 뛰어나고 영리한 사람들은 **전통적 교육의 혜택이 있든 없든 예정된 탁월한 수준에 도달할 길을 언제나 찾아낼 것이다**(고딕체는 임의 강조)." 코핸은 이 약속이 그럴듯하고 믿음직스럽게 들리도록, 놀랍도록 빠르게 세를 불리고 있지만 모두 예외 없이 교육 이탈자들인 신흥 억만장자들을 나열한 목록을 덧붙입니다. 글쎄요, 확실한 고용이 더 이상 이루어지지 않는 시대의 실업자도 복권은 얼마든지 살 수 있지 않나요?

일류 대학의 일류 졸업장은 오랫동안 자식을 사랑하는 부모가 자녀와 자녀의 미래를 위해 할 수 있는 최상의 투자였습니다. 또는 적어도 그렇다고 믿었죠. 이 믿음은 ─ 문은 그 문을 열기로 결심한 근면한 이들 모두에게 열려 있다는 (꼭 미국에만 국한되지는 않는) 아메리칸드림과 결합한 다른 믿음들과 마찬가지로 ─ 이제 산산조각 났습니다. 현재 고등교육 학위 소지자들을 위한 노동 시장은 축소되고 있으며, 그 속도는 시장 가치를 높일 대학 졸업증이 없는 사람들의 시장이 축소되는 속도보다 더 빠를지 모릅니다. 오늘날 ─ 예상대로 ─ 면전에서 문이 닫히는 경험은 올바른 노력과 올바른 희생을 하지 못한 이들만 하게 되는 것이 아닙니다. 성공을 위해 필요하다고 믿는 모든 것을 해낸 사람도 ─ 그러나 이 경우는 예상치 못하게 ─ 거의 비슷한 곤경에

처해, 문 앞에서 빈손으로 돌아가죠. 미국인들이 즐겨 쓰는 표현 대로 '게임은 이제부터A whole new ballgame'인 거예요.

교육을 통한 사회적 신분 상승은 오랜 세월 동안 인간이 처한 조건과 전망의 불평등이라는 노골적이고 적나라한 치부를 가리는 나뭇잎 역할을 했습니다. 학문적 성취가 후한 사회적 보상과 이어지는 한, 사회의 사다리를 오르지 못하는 것은 오직 본인 탓이었죠. 원망과 분노의 대상도 본인이 될 뿐이었어요. 결국 (교육이 약속한 대로) 일을 더 잘하는 사람들에게 더 좋은 자리가 마련되었고, 행운은 부지런히 배우고 땀 흘려 일해 그 운을 자기 것으로 만든 사람들에게 갔으니까요. 불행이 자기 몫이라면 그것은 분명 마땅히 그랬어야 할 만큼 열심히 공부하고 일하지 않은 탓이었습니다. 불평등의 꾸준한 증가를 옹호하는 이런 명분은 오늘날 거의 공허하게 들리며, '지식 사회'의 출현을 만방에 선포한 덕분에 이 공허함은 더더욱 깊게만 느껴집니다. 지식 사회란 국가와 개인에게 지식이 부의 주요 원천이 되며, 따라서 지식의 소유자와 이용자가 부의 가장 큰 몫을 가질 자격이 있는 사회를 말하니까요.

대학 졸업생들이 취업을 하지 못하고, 취업을 하더라도 (분명 정당한) 기대에 훨씬 못 미치는 곳에서 일하는 새로운 현상이 급속도로 퍼지고 있습니다. 이로 인한 충격은 사다리를 오르는 열성적인 소수는 물론, 묵묵히 불운을 견디던 더 큰 범주의 사람들에게까지 고통스러운 영향을 미칩니다. 자신보다 열심히 일하

실업자도 복권은 살 수 있지 않나요?

던 사람들에게 기회가 후하게 주어지는데, 자신은 그 기회를 놓쳐버린 것이 부끄러워 잠자코 있던 사람들이죠. 첫 번째 범주의 사람들에게 미치는 영향과 두 번째 범주의 사람들에게 미치는 영향, 둘 중 어느 쪽의 사회적 피해가 더 클지 판단하기는 힘들지만, 이 둘은 동시에 나타나 함께 뒤섞여 엄청난 폭발물을 형성해요. 권력을 잡고 있는 몇몇 소수가 다음과 같은 코헨의 음울한 경고를 읽고 두려움에 떠는 모습을 그려볼 수 있을 겁니다. "최근 중동 지역, 특히 이집트에서 일어난 봉기에서 얻은 교훈은, 고등교육을 받았으나 능력 이하의 일자리를 참아온 사람들이 오랫동안 기다린 사회 변혁의 촉매가 될 수 있다는 사실이다."

이것이 단지 미국에서만 볼 수 있는 또 하나의 특이성일까요? 가장 눈에 띄는 '아메리칸드림'의 특징 중 하나가 '미국에서는 여느 나라에서 거의 상상도 할 수 없는 일들이 일어난다'는 믿음이니 그리 생각해도 무리는 아니겠군요. 이런 오해를 방지하기 위해 동쪽으로 몇천 킬로미터를 뛰어넘어 폴란드로 가보도록 합시다. 폴란드에서는 지난 20년간 고등교육기관의 수와 재학생 수, 졸업생 수는 물론 교육비 역시 엄청나게 상승했습니다. 더불어 소득 양극화 및 전반적인 사회 불평등도 급격히 심화됐죠. 2011년 3월 19일 자《가제타 비보르차Gazeta Wyborcza》에는 그다음에 벌어진 일들을 증언하는 무수히 많은 유사 사례들 중 몇몇이 소개되었습니다.

아그니에슈카는 2년 전 재무 및 금융 분야의 학위를 받았습니다. 셀 수 없이 많은 입사 지원서를 냈지만 답장은 없었어요. 1년 이상을 헛되이 노력하고 깊이 좌절한 끝에 한 친구가 접수원 자리를 주선해주었습니다. 특별히 흥미로울 게 없는 그녀의 업무 중에는 자신의 이력서처럼 구석에 처박힐 운명인 다른 졸업생들의 이력서를 날마다 쌓아놓는 일도 있었죠. 또 다른 유수의 대학을 졸업한 토메크에게는 아그니에슈카만큼의 운도 따르지 않았어요. 그래서 한 달에 영국 돈으로 280파운드 정도를 받고 경비원으로 일하는 데 만족해야 했죠. 같은 대학을 졸업한 토메크의 동기는 자신이 습득하여 인증받은 기술과 간접적으로라도 연관된 일을 몇 달 후까지 찾지 못하면 아무 일이나 하겠다고 결심합니다. 대학 졸업장을 상자 속에 처박아놓고 배달원, 가게 점원, 택시 운전사, 웨이터 등 별다른 기술이 필요하지 않은 직종에 눌러앉는 졸업생들이 점점 더 늘고 있어요. (이중에서 가장 인기 있는 직종은 손님의 팁으로 얄팍한 월급봉투를 채울 수 있는 웨이터죠.)

"다시는 '니니스'로 돌아가지 않기 위해Pas de rentrée pour les 'NiNis'"라는 제목의 기사에서 《르몽드》는 17세 예트젤 데세라의 이야기를 전합니다. 멕시코 북부에서 부모와 함께 살면서 2006년 설립된 '고등교육에서 배제된 학생들을 위한 운동'에서 활동하는 그는 이렇게 말합니다.[11] "공교육에 제 자리는 없습니다. 그렇다고 사립대학에서 공부할 돈도, 공부한 후에 가질 수 있는 일자리도 없죠." 데세라는 자신과 비슷한 젊은이들 수십만 명이 겪고 있는 비참한 처지를 나열합니다. 멕시코 국립 대학들의 수준

실업자도 복권은 살 수 있지 않나요?

은 매우 높으나 그 수가 극히 적습니다. (2011년 멕시코 국립 자치 대학의 지원자 12만 2,750명 중에서 겨우 1만 300명이 입학 허가를 받았습니다. 멕시코 전체로 보면 대학 지원자의 3분의 1만이 입학 허가를 받죠.) 15세부터 29세 사이의 멕시코인 2,800만 명 중에서 1,900만 명은 교육기관의 문턱을 밟아본 적이 없으며, 750만 명은 헛되이 일자리를 찾는 구직자들입니다. 데세라가 활동하는 '고등교육에서 배제된 학생들을 위한 운동'은 절실히 공부하기를 원하는 20만 명의 빈털터리 젊은이들에게 대학 공간을 마련해주기 위해 싸우고 있어요.

허드슨 강에서부터 멕시코시티를 지나 비스와 강에 이르기까지 우리는 비슷한 광경과 소리를 보고 듣게 됩니다. 기회의 문들은 먹먹한 굉음과 함께 닫히고 잠기며, 좌절된 희망들이 순식간에 무더기로 쌓이죠. 지식·정보 중심의 경제와 교육 중심의 경제적 성공을 표방하는 우리 사회에서, 지식은 성공을 보장하는 데 실패하고 교육은 지식을 전달하는 데 실패한 듯합니다. 불평등의 독소를 중화하고 견딜 만하게, 또 무해하게 만드는 교육이 주도하는 상승 이동의 전망과, 교육이 상승 이동을 지속적으로 가능하게 하는 원동력이라는 더 중요한 전망이 동시에 사라지기 시작하고 있어요. 이 전망들이 소멸하면서 우리가 익히 알고 있는 교육 문제가 야기됩니다. 그러나 문제는 여기서 그치지 않고 우리 사회가 불평등을 정당화하는 데 널리, 그리고 즐겨 사용했던 구실에까지 영향을 미치고 있죠.

밀란 쿤데라Milan Kundera는 '지금까지 인류는 어디에도 도망칠 곳이 없기에 연합해왔다'는 인상적인 말을 남겼습니다. 정말 그렇습니다. 아마 이 말은 인류와 미래의 땅을 잇는 유일한 교두보인 젊은이들에게 가장 잘 들어맞을 겁니다. 어쨌든 상황을 주시하고 있는 몇몇 프랑스 학자들은 — 아마 진정한 의미에서 최초의 세계적인 세대가 될 — '니니'[■]의 도래를 선포하기 위해 서두르고 있습니다.

2007년부터 2009년까지 프랑스 교육부 장관을 지낸 그자비에 다르코Xavier Darcos는 대대적인 교육 개혁안을 선포했어요.[12] '가족들에게 새로운 자유'를 약속하고, '기회의 평등'을 장려하며, '중학교와 고등학교의 사회적 다양성'을 넓힌다는(강화한다는) 내용이었죠. 몇 년 후 두 명의 장학사는 환경이 좋은 교육기관에 진학한 서민 계층 학생은 그리 늘지 않은 반면, 특권 계층의 학생은 아예 사라졌다는 사실을 발견했습니다. 프랑스 학교의 '사회 계층 혼합social mixing' 정책은 모든 곳에서 후퇴하고 있어요. '귀족 학교'의 부르주아화와 공립학교의 프롤레타리아화가

[■] 니니(Ni-Ni): 'Not in employment, not in education'의 약자로, 공부도 일도 하지 않는 젊은이를 일컫는 신조어다. '니트족'과도 의미가 상통하며, 최근 연구 결과에 따르면 멕시코의 수도 멕시코시티의 15~29세 젊은이 중 거의 20퍼센트가 이 부류에 속한다고 한다.

실업자도 복권은 살 수 있지 않나요?

동시에 일어난 결과죠. 개혁안에서 선포한 다른 목표들도 모두 동일한 결과를 맞았습니다. 교육 개혁안 요약본을 작성하기도 했던 브르타뉴 대학 사회학과 피에르 메를Pierre Merle 교수는 개혁안 전체를 조목조목 분석하며 일련의 장 제목에 사용된 단어들('기회의 평등', '사회 계층 혼합', '문맹 퇴치', '학습 장애 아동 지원', '교육 우선권 조정')이 오용되었다는 결론을 내렸습니다. 개혁의 결과는 선포된 의도와 정반대였고, 이 개혁을 작동시킬 것으로 기대되었던 시장의 논리와 일치할 수 없었음은 분명합니다.

12

정치적 문제로서
장애, 비정상, 소수의 문제

리카르도 마쪠오 마사 누스바움은 장애인에게 완전한 존엄을 부여하는 것의 윤리적 가치에 대해 역설한 최초의 철학자 중 한 명입니다. 이탈리아 학자 다리오 이아네스는 강의와 저서 및 기타 활동을 통해 장애가 있거나 특별한 도움이 필요한 사람들을 돕는데 그 누구보다 크게 기여했죠. (그는 베를루스코니 집권 기간을 제외하고 아주 오랫동안 이탈리아 학교통합위원회의 장관급 위원으로 활동했습니다.) 이아네스가 쓴 30권의 책 중에서 독일어와 포르투갈어로도 번역된《특별한 정상La Speciale Normalità》의 한 구절을 인용해 보겠습니다.

나는 다른 모든 사람들과 같은 일을 하고 싶다. 오직 장애가 있는 학생만이 '정상'이라는 단어가 가진 겹겹의 의미를 수정과 같이 투명하게 공식화된 한 문장으로 표현할 수 있다. 내가 다른 모든 사람들과 같은 일을 하고 싶은 이유는 무엇보다 내게 같은 권리가 있기 때문이다. 이것이 내 깊은 욕구이기에 나는 다른 모든 사람들과 같은 일을 하고 싶다. 다른 모든 사람들과 같은 일을 할 수 있게 되는 것은 권리지만, 사회 발전을 위한 길이기도 하다. 내가 당신과 똑같은 일을 하고 싶어 하는 것은 당신을 위해 우리 집단의 성장과 화합을 돕는 일이기도 한 것이다.

정치적 문제로서 장애, 비정상, 소수의 문제

그러므로 '정상'은 동등한 가치를 뜻한다. 정상은 무엇보다 권리의 평등을 의미한다. 개개의 평등한 가치로서의 '정상', 개인적이고 사회적인 조건과 관계없는 평등한 권리로서의 '정상'인 것이다. 개인은 모두 평등한 가치를 갖는다는 생각은 헌법에서 출발한 이탈리아 법률의 근간이다. 이탈리아의 법률은 모든 시민의 평등한 가치, 권리, 기회를 인정하며 개인의 자아실현을 가로막는 모든 장애물을 제거하는 데 전념한다.

로버트 스턴버그Robert J. Sternberg, 미국심리학회 전 회장나 (이탈리아에서 자크 라캉의 가장 중요한 후계자로 여러 흥미로운 사고들에서 이론을 발전시켰으며, 라캉보다 이해하기 쉬운 글을 쓴다는 점에서 라캉과 비교되는) 마시모 레칼카티Massimo Recalcati처럼 유명하고 지극히 명석한 사람들도 초등학교 때는 '지체 아동'으로 간주되었습니다. 훌륭한 교사들이 세심하게 돕지 않았더라면 아마도 이들은 영원히 그렇게 남았겠죠. 하지만 이러한 사실과 관계없이, 선생님께서는 장애가 있는 아동과 일반 아동을 한 교실에서 가르치는 통합교육에 대해 어떻게 생각하십니까?

지그문트 바우만 '정상normality'은 다수에게 유리하게 이데올로기화 과정을 거친 명칭입니다. 통계적 다수에 속한다는 사실 외에 '정상'의 뜻이 또 무엇이 있을까요? 또 통계적 소수에 속한다는 사실 말고 '비정상abnormality'의 뜻은요? 여기서 다수와 소수에 대해 이야기하는 이유는 정상이라는 개념이 전체 집합 중에서 '규범norm'을 충족하지 못하는 어떤 단위를 가정하기 때문입니다. 만일 모든 사회 단위가 100퍼센트 일치하는 특성을 지닌다면 규범이라는 개념은 거의 드러나지 않을 겁니다. 그래서 규범이나 정상과 같은 개념은 '같지 않음un-sameness'을 전제하죠. 집합을 다수와 소수로, '대부분'과 '일부'로 쪼개는 거예요. 여기서 말하는 이데올로기화 과정은 '이다is' 앞에 '반드시ought'를 붙이는 것을 말합니다. 특정 사회 단위가 다수일 뿐 아니라 '그래야만' 하는 '올바르고 제대로 된' 집단이라면, 반대로 해당 속성을 갖지 못한 사회 단위는 '그러지 말아야' 하는 '틀리고 그릇된' 집단이 되는 셈이죠. '통계적 다수(사실의 진술)'에서 '정상(가치 판단)'으로, '통계적 소수'에서 '비정상'으로 이행하는 과정에서 숫자의 차이는 질의 차이가 됩니다. 소수가 곧 열등함을 의미하게 되어 버리는 거예요. 수적 차이가 질적 차이가 되어 사람들 사이의 관계에 적용될 때, 수적인 힘의 차이는 (당연하게 여겨지고 일상적으로 실천되는) 사회 불평등이라는 현상으로 재생됩니다. '정상 대 비정상'이라는 주제는 '다수 대 소수'의 주제를 흡수하고 수용한 형태로 사회 질서의 구축 및 유지에 관여하죠. 그렇게 때문에 (완전히는 아니지만 조금은 더 '정치적으로 올바른' 용어인) '비정상'과 관련된 이름인 — 소수를 열등하게 취급할 때 사용되는 — '장애'와 '불능'은 '다수 대 소수'라는 더 넓은 주제의 중요한 부분이기에 궁극적으로 정치적 문제라고 생각합니다. 이 문제의 핵심은 어

정치적 문제로서 장애, 비정상, 소수의 문제

떻게 소수의 권리를 옹호하느냐입니다. 현재 민주주의 메커니즘 — 전체를 구속하는 결정을 내릴 권리를 가진 다수에 소수가 통합될 수밖에 없는 — 에서는 직면하고, 다루고, 명확히 해결하기가 불가능해 보이는 (그리고 특별히 해결하려는 의지도 없어 보이는) 과제죠.

웰스H. G. Wells는 유명한 단편 소설 〈눈먼 자들의 나라The Country of the Blind〉에서 이 같은 문제를 능숙하게 제기하고 탐구합니다. 옛날 속담에서처럼 정말 "장님 나라에서는 애꾸눈이 왕"일까요? 눈이 두 개인 자들의 세상에서 나와 눈먼 자들이 사는 계곡으로 들어간 애꾸눈 남자는 바로 이런 기대를 품습니다. 그가 살던 곳에서 애꾸눈은 큰 흠으로 여겨졌죠. 눈먼 자들의 나라에서 그가 정말로 왕이 된다면 우리 사회의 기저에 깔린 무언의 가정, 즉 눈이 보이는 것이 눈먼 것보다 우월함은 자연의 결정이지 사회문화적 산물이 아니라는 가정은 지지되고, 강화되고, 아마도 '증명될' 겁니다. 그러나 그런 일은 일어나지 않았습니다. 애꾸눈 이방인은 숭배와 복종의 대상인 왕으로 칭송받기는커녕 혐오와 추방의 대상인 괴물의 처지가 됩니다! 눈이 멀어버린 계곡 주민들이 만든 '정상성'의 기준에서 눈이 하나인 남자는 위협적인 비정상성을 가졌던 겁니다. 이 이야기는 비정상은 내재적 열등함 때문이 아니라 '정상', 즉 다수의 요구, 습관, 기대에 맞게 형성된 질서와 충돌하기 때문에 위협적이고 혐오스럽게 여겨진다는 사실을 보여줍니다. '비정상(더 정확히 말해 소수의 조건)'에 대한 차별은 대체로 사회 문화적 산물인 질서를 옹호하고 유지하려는 활동인 셈입니다.

《눈먼 자들의 도시Ensaio sobre a Cegueira》에서《눈 뜬 자들의 도시Ensaio sobre a Lucidez》로 이어지는 두 권의 이야기에서 주제 사라마구는 이 주제를 더욱 깊이 발전시켜요.《눈먼 자들의 도시》에서는 한 여자를 제외한 도시민 전체가 알 수 없는 이유로 실명해버립니다. 낡은 질서의 모든 규칙을 중단시키고 무효화하는 새로운 '규범'에 대한 공포는 단 한 사람의 소수에게 집중되어 증폭되죠. 결국 공포에 휩싸인 눈먼 다수는 그녀가 이 불행의 주요 원인이며 아마도 가장 큰 원인일 거라 단정해버립니다. 다음 이야기인《눈 뜬 자들의 도시》에서 사람들은 실명을 초래한 전염병에서 완전히 회복하지만 역시 원인을 알 수 없는 질서의 붕괴를 겪어요. 투표가 시작돼도 아무도 투표소로 걸음을 옮겨 현 질서의 고정화 모델인 민주주의의 게임에 참여하려 하지 않죠. 결국 모두가 눈이 멀었을 때 유일하게 시력을 잃지 않았던 여자 주인공이 배후로 지목돼요. 그녀를 찾아내 무력화하기 위해 비밀 경찰들이 남김없이 투입되죠. 한번 비정상이면 영원히 비정상이고, 한 가지 측면이 비정상이면 모든 측면에서 비정상인 셈입니다. 비정상은 특정 질서의 위협이 아니라 질서 자체의 위협이에요. 결국 가장 중요한 것은 질서의 유지입니다.

질서는 다수의 기준으로 만들어지기에 상대적으로 그 수가 적거나 마지못해 따르는 이들은 소수의 '주변부 일탈fringe deviation'로 폄하되기 쉽습니다. 그러므로 추적하고 발견하고 무장해제시켜 제압하기도 쉽죠. '주변부의 비정상성'을 선별하고 낙인찍어 처박아놓는 것은 질서 구축에 필연적으로 수반되는 과정이며, 질서를 영속화하기 위해 치러야 할 부득이한 희생입니다.

불쾌하고 괴롭고 받아들이기 쉽지 않은 진실이지만 그럼에도 진실이에요. 우리가 사는 세계는 '정상'의 거주민, 즉 다수 친화적이며, 다수가 편리하고 안락하게 느끼도록 구조화되어 있어요. 자동차는 접근하는 것들에 경고하기 위한 수단으로 ― 시각 장애인이나 청각 장애인에게는 아무 쓸모도 없는 ― 전조등과 경적을 장착해야 하죠. 높은 곳에 접근성을 높일 목적으로 설치된 계단은 휠체어를 탄 사람들에게는 아무 도움도 되지 못해요. 나처럼 귀가 어두워진 노인들은 더 이상 전화벨이나 초인종 소리에 재빨리 반응하지 못합니다. 지금까지 든 예시들은 전부 신체장애와 관련되어 있어요. 돌봄 사회caring society에서 의료 수단으로 극복하거나, 인간의 신체를 '확장'하고 상실된 신체 기능을 대신하는 기술적 보조물을 사용해 부재로 인한 불편을 줄일 수 있는 장애들이죠. 하지만 다른 종류의 장애도 있습니다. 보다 널리 퍼져 있지만 이 경우 장애의 원인은 감춰져 있거나, 위선적으로 부인되거나, 대충 얼버무려져 은폐되죠. 이러한 장애는 의료적 문제도 기술적 문제도 아닌 정치적 사안입니다. 예를 들어 '수익성 없는'(그래서 '정상' 납세자들에게 폐를 끼치는) 버스 노선이 폐지됨으로써, 또는 '수익성 없는' 우체국이나 은행 지점이 폐쇄됨으로써 자가용이 없는 사람들이 겪는 불구의 상태가 있습니다. 특히 우리 소비자 사회에는 돈이 없거나 신용 불량이어서 '부적격disqualified' 판정을 받은 소비자, 따라서 시장이 정하는 '정상'의 기준, 소유물 또는 구매 활동의 수로 측정되는 '정상'의 기준을 충족시킬 기회조차 거부당하는 소비자가 있죠. 그리고 우리 주제에서 가장 중요한, 신체적으로 학령기에 이른 무수한 아이들이 있습니다. 평균소득 이하 가정이나 박탈되고 방치된 지역에서 나고 자라 노동 시장이 정한 기준에 도달하려는 시도조차 가로막힌 이들입니다. '교육 표준 미달' 학생은 (역시나 사회 문화적으로 정해진 '정상'의 기준으로 측정된) 빈곤 가정에서 가장 많이 생겨납니다. 이들의 경우 의료적이고 기술적인 방식으로 신체장애를 보완하듯, 정치적 방식을 통한 보완이 필요하죠. 그런 수단들이 있기는 하지만, 그것을 이용할 수 있느냐 없느냐의 문제에 학교와 교사가 할 수 있는 일은 그리 많지 않습니다. 교육 기회의 불평등은 국가 정책 차원에서 대규모로 접근할 수밖에 없는 문제예요. 하지만 앞에서도 살펴봤듯 지금까지의 국가 정책은 이 문제를 본격적으로 다루는 쪽으로 방향을 잡기는커녕 점점 멀어지고 있는 듯 보입니다.

13

분노하여 벌 떼처럼
일어나는 정치적 집단들

리카르도 마체오 심리학자 알베르트 반두라는 거의 15년 전 발표한 자신의 주저《자기 효능감 : 통제 실행》(1997)에서 이런 말을 했습니다.

사람들은 사회적으로 고립되어 살지 않으며 삶의 주요 측면들을 온전히 자기 힘으로 통제할 수도 없다. 우리가 삶에서 마주치는 수많은 도전들은 삶을 더 낫게 바꾸기 위해 사람들에게 다 같이 한목소리로 힘을 합치기를 요구하는 공통의 과제로 수렴한다. 가족, 공동체, 조직, 사회 기관, 국가에 이르기까지, 집단의 힘은 일정 부분 자신들이 직면한 문제를 스스로 해결할 수 있다고 느끼는 사람들의 집단 효능감에 좌우된다. …… 사람들의 삶은 점점 전통적인 제도 밖에서 국경을 가로질러 작용하는 여러 강력한 힘에 의해 움직이고 있다. 광범위한 기술적 변화와 경제 세력들의 세계화는 초국가적 상호 의존 관계를 창출하며, 그로 인해 자기 삶의 과정을 직접 통제할 수단을 계속 갖고자 하는 집단 행위자 활동의 중요성은 점점 더 증가한다.[13]

선생님께서 예리하게 지적하셨듯이, 정치적 행위의 장은 페이스북이나 트위터에 국한되어서는 안 됩니다. 페이스북이나

분노하여 벌 떼처럼 일어나는 정치적 집단들

트위터에서는 참여하는 척했다가 접속을 끊으면 그만이니까요. 잠정적이고 개인적인 해법의 유행은 이전 상태status quo ante를 영속화하는 경향이 있습니다. 그러나 자신의 삶을 위협하는 불의에 맞서 생동하는 마음과 몸을 하나로 모을 때, 이 개인들은 집단 행위자가 되며, 튀니지와 이집트, 시리아에서 확인되었듯 강력한 힘을 지니죠.

칠레 교육에서는 인상적인 현상이 나타나고 있는데요. 과거 피노체트 정권이 단행한 계급 지향적 교육 개혁으로 부자 학생들은 비싼 사립학교와 대학교에, 나머지 학생들은 학비만 똑같이 비싼 공립학교에 다녔습니다. 부모는 자녀의 미래를 준비하기 위해 점점 더 많은 빚을 져야 했죠. 이 시스템은 민주화 이후 20년이 지나도록 바뀌지 않았습니다만, 최근 몇 개월 사이 젊은 이들이 무리지어 개혁을 외치는 일이 벌어졌습니다. 칠레 대학생 연합의 회장인 카밀라 바예호Camila Vallejo라는 젊은이는 세바스티안 피녜라Sebastián Piñera 대통령을 두 번이나 굴복시켰는데요, 처음엔 그를 교육부 장관직에서 물러나게 했고, 두 번째인 지금은 헌법을 개정하고 학교와 대학에 투자를 확대하겠노라는 약속을 받아냈습니다.

지그문트 바우만 2011년 1월 3일 자《인디펜던트Independent》지에는 존 리치필드John Lichfield의 다음과 같은 글이 실렸어요.

분노하라Indignez vous! 제2차 세계대전 당시 프랑스의 레지스탕스 영웅으로 활약했던 스테판 에셀Stéphane Hessel의 얇은 소책자 한 권이 프랑스의 출판 기록을 모두 갈아치우고 있다. 이 책은 프랑스인을 비롯한 다른 모든 이들을 향해, 나치에 저항했던 정신을 되살려 '무례하고 이기적인' 자본과 시장의 힘을 거부하고 '현대 민주주의의 사회적 가치'를 수호할 것을 촉구한다. …… 에셀과 그의 책을 낸 (보통 몇백 부짜리 책만 찍곤 했던) 소규모 좌파 출판사는 시장 독재 및 은행가들의 보너스와 재정 적자가 전후 복지 국가의 생존을 위협하는 이 시대에 그의 책이 국내외의 민감한 뇌관을 건드렸다고 말한다.

3개월 후인 4월 13일, 정치학자 수디르 하자레싱Sudhir Hazaree-singh은 출판사의 직감이 틀리지 않았음을 확인시켜 주었죠. 그는 《타임스 문학 부록Times Literary Supplement》에서 프랑스에서만 100만 부가 팔린 이 '얇은 소책자'가 유럽에서 10여 개국이 넘는 언어로 번역되었다고 말합니다.

이 책은 오늘날 이 세계를 망치는 모든 불의에 맞서 무관심을 버리고 '평화적 반란'에 참여할 것을 촉구하는 외침입니다. 계속되는 부유한 국가의 개발도상국 착취, 독재 정권의 인권 유린, 반파시즘 세대가 (목숨 바쳐) 싸웠던 경제적·사회적 복지의 달성을 위협하며 정치체를 철권통치하는 중상주의에 맞서서 말입니다.

분노하여 벌 떼처럼 일어나는 정치적 집단들

한 부당 3유로에 팔린 겨우 13쪽 분량의 이 '얇은 소책자'는 사실 책이라기보다 팸플릿에 가까워요. 작은 책의 크기는 분명 메시지 전달에 도움이 됐죠. 유행어, 촌평, 문자메시지, 트위터에 익숙한 세대가 그런대로 읽을 만한 분량에, 그럼에도 읽고 이해하기 쉬우며, 익숙한 온라인 문장 길이로 쉽게 압축되었으니까요. 구전으로 (더 중요하게는 엄지손가락을 바삐 놀려 찍어 보내는 문자메시지로) 퍼지고, ("베스트셀러는 잘 팔리고 있기 때문에 잘 팔리는 책"이라는) '대니얼 부어스틴Daniel Boorstin의 법칙'이 작용하기 시작하는 임계점을 순식간에 넘는 데 최적화된, 일종의 뉴스였다고 할까요.

물론 이것이 충분한 설명은 아닙니다. 특히 아랍의 봄이 일어난 2011년에는 스페인, 그리스, 이탈리아와 이스라엘의 여러 도시에서 사람들이 거리를 점령하고 광장에서 밤을 새우는 놀라운 현상이 일어났습니다. 간단히 말해 에셀이 뿌린 씨는 이미 싹을 틔울 준비가 된 토양에 떨어진 겁니다. "분노하라!"라는 외침에 그토록 열광해 귀를 기울일 만큼 이미 분노가 목까지 차올라 있었던 거죠. 또 다른 비유를 사용해보겠습니다. 좌절과 배반된 희망, 박살난 기대가 녹아 있는 용액이 불확실성, 불안, 미래에 무엇이 기다리고 있는지 모르는 공포와 뒤섞였다가, 아주 약한 충격만으로 과포화되어 오직 '분노의 결정結晶'이라 부를 수밖에 없는 것으로 대량 침전된 상황과 비슷하다 하겠습니다.

무엇이 토양을 마련하고 용액을 과포화시켰을까요? 가장 간단히 말하면 원인은 지배자와 피지배자 사이의 간극 심화입니다. 상류층의 관심사와 훨씬 아래에 위치한 평범한 남녀의 걱정과 불안 사이의 접점은 파악은커녕 찾기조차 힘들어지고 있어요. (이 상호 소외는 통치체가 유권자들이 겪는 고통에 대한 책임을 이민자와 같은 상상된 악에 전가하려 할 때 가끔씩, 아주 잠깐 은폐되죠.) 정부는 은행과 다국적 기업, 기타 초국가적 세력에 권력의 대부분을 뺏겼습니다. 그래서 사람들이 비참함을 느끼는 진짜 원인과, 정부가 자신들의 문제를 해결할 능력과 의지를 갖고 있음을 더 이상 믿으려 하지 않는 ─ 예상대로의 ─ 반응에 세심한 주의를 기울일 줄 아는 능력이 없죠. "사회에 의한 구제는 더 이상 없다."라는 피터 드러커Peter Drucker의 유명한 선언은 수년에 걸친 자기충족적 예언이었음이 증명되었습니다. 구제를 찾아 절망적으로 헤매는 사람들은 이제 위를 보지 않고 주변을 봅니다. 이런 경향은 특히 어른들보다 젊은이들에게서 더 두드러지는데요. 그들의 길지 않은 생애에서 ─ 기대의 충족은 말할 것도 없이 ─ 위로부터의 도움을 기대할 기회조차 가진 적이 없기 때문입니다.

신뢰를 잃은 정치적 기제의 대안이 될 것이라는 기대를 받는 신생의 정치는 수직적이고 위계적인 대신 수평적이고 측면적인 경향이 있어요. 그것을 '벌 떼 같다'고 표현하고 싶군요. 정치적 집단과 연합체들은 벌 떼처럼 수명이 짧은 생물체로, 쉽게 모이지만 '제도화'하는 데 (지속적인 구조를 만드는 데) 필요한 시간만큼 오래 모아두기가 어렵습니다. 이들에게는 본부, 관료, 지도자,

분노하여 벌 떼처럼 일어나는 정치적 집단들

감독, 부사관도 다 필요 없어요. 이들은 거의 자발적으로 똑같이 쉽게 모였다가 흩어지죠. 이들 삶의 각 순간은 강렬한 열정으로 타오르지만 강렬한 열정은 쉽게 식는 것으로도 유명해요. 열정 만으로는 대안 사회를 건설할 수 없으나, 가능성에 대한 환상은 실제로 그런 사회를 건설하는 데 필요한 에너지를 소모시켜버 립니다. 질문에서 당신이 예로 든 사례를 언급해보자면, 나는 카 밀라 바예호의 열정이 피노체트의 암울한 유산을 공정하고 평 등한 교육 모델로 대체할 때까지 변치 않기를 진심으로 바랍니 다. 그러나 두려운 것은 이런 일이 일어날 확률이 그리 높지 않 다는 점이에요. (내 생각이 틀렸기를 진심으로 바랍니다만) 인터넷 매 체를 통한 행위는 비정치적인 것을 정치의 환상으로 바꿀 수 있 을 뿐이라고 의심하고 있어요. 불행히도 지금까지 이 의심은 항 상 사실로 입증되었죠. 대규모의 극적인 민중 저항들이 인터넷 으로 촉발되고 전자 기기로 증폭되었지만, 그 결과 대중이 분노 하고 절망한 진짜 원인이 제거된 사례는 지금껏 없었으니까요.

14

결함 있는 소비자와
끝없는 지뢰밭

리카르도 마체오 2011년 8월 22일 자《가디언》에는 3,296건의 범죄가 발생해 1,875명이 체포되고 1,073명이 기소된 2011년의 영국 폭동에 관해 데이비드 캐머런과 토니 블레어의 상반된 의견이 실렸습니다. ■ "데이비드 캐머런이 이 폭동은 영국이 도덕적으로 붕괴한 징후라는 전날의 입장을 재확인한 데 반해 토니 블레어는 그의 주장이 문제의 진짜 원인을 무시하는 '과장된 한탄'이라 일축했다."

■ 2011년 8월 4일 영국 런던 북부 토트넘에서는 경찰의 총격으로 흑인 청년 마크 더건(29세)이 사망한 사건이 일어났다. 경찰의 처음 발표와 달리 마크 더건이 경찰을 향해 발포한 일이 없음에도 과잉 대응을 한 사실이 밝혀지자 가족들과 토트넘 지역 주민들은 8월 6일 항의 시위를 벌였다. 평범한 항의 시위로 끝날 것 같았던 이 시위는 8월 8일부터 시위대들이 지역 상가를 약탈하고 건물에 불을 지르는 폭동으로 변질되며 버밍엄, 리버풀, 브리스틀 등 잉글랜드 지역에 동시다발적으로 번져 나갔다. 폭동에 가담한 이들은 대부분 10대에서 20대 사이의 젊은이들로, 트위터나 페이스북을 통해 정보를 주고받으며 서로를 모방한 것으로 알려졌다. 이후

결함 있는 소비자와 끝없는 지뢰밭

이 정치인들이 둘 다 정직하지 못한 말(과 행동)을 하고 있다
고 생각합니다. 캐머런은 어떻게 "탐욕과 폭력은 …… 갑자기 나
타난 것이 아니며 …… 영국 사회는 책임감의 감소, 이기주의 팽
배, 개인의 권리가 그 무엇보다 우선한다는 의식의 확산 등 고
질적 문제들을 오랫동안 키워왔다."라는 식의 주장을 할 수 있
는 걸까요? 2010년 맨 부커상을 수상한 소설가 하워드 제이콥
슨Howard Jacobson이 《인디펜던트》에 기고한 글에서 강조하듯,
"기업 절도로 알려진 약탈의 특정 형식은 고삐 풀린 망아지처럼
계속해서 날뛰고 있"는데 말이죠. 경제의 자칼들이 이 세계를 황
폐화하고 있어요. 캐머런은 대학 등록금을 3배로 인상했죠. 한

폭동의 원인과 해법을 두고 영국의 전·현직
총리가 언론에 상반된 의견을 기고했다.
데이비드 캐머런 총리가 폭동의 원인이
인종이나 빈부의 격차가 아니라 젊은
세대의 도덕성 쇠퇴에 있다고 주장하며 보다
강력한 사회 교화를 해결책으로 제시한
반면, 토니 블레어 전 총리는 젊은이들의
도덕성을 비난하는 우파와 이들을 사회적
박탈의 희생자로 보는 좌파가 모두 사태를
잘못 진단하고 있으며, 이번 폭동은 어느
선진국에나 존재하는 일부 소외 계층의
일탈이라고 주장했다. 또한 일탈의 원인은
주로 빈부 격차보다 가정 내 문제에 있기에
이런 문제의 해결은 가정에서 초기 단계에
이루어져야 한다고 지적했다.

지그문트 바우만, 소비사회와 교육을 말하다

편 블레어 쪽에서는 캐머런의 주장이 "영국의 대외적 평판을 해치는 발언이며 …… 영국 전체는 일반적인 도덕적 쇠퇴에 빠져 있지 않다."라고 말합니다. 로레타 나폴레오니Loretta Napoleoni는 이탈리아 주간지《레스프레소L'Espresso》(2011년 8월 25일 자)에서 이 두 영국 정치인들이 거짓을 말하고 있음을 보여줍니다.

영국 수도에는 어깨를 맞대고 살고 있는 두 사회가 있다. 주변화되어 좌절하고 분노한 사회는 8월 폭동을 일으켰고, 하나로 통합된 부유하고 행복한 사회는 같은 해 4월 윌리엄 왕세자와 케이트 미들턴의 결혼을 축하했다. 몇몇 트윗에는 사회 경제적 모순을 감추는 데 매우 서툴렀던 한 국가의 정신 분열로만 보이는 서사가 축약되어 있다. 지난 30년간 계급 분열에 인종 분열이 겹쳐진 이 나라에서 형성된 사회 연결망은 배제의 철조망에 지나지 않는다. 가진 자와 가지지 못하고, 앞으로도 결코 가질 일이 없는 자 사이에는 넘을 수 없는 경계가 존재한다.

오늘날 젊은이들 사이에 만연한 소비지상주의의 실례인 이 사건에 관해 중요하게 하실 말씀이 있을 것 같습니다.

지그문트 바우만 최근 런던에서 일어난 소요를 배고픔이나 빵 때문에 일어난 폭동의 사례로 설명하는 것은 잘못입니다. 그것은 '결함이 있어defective' 부적격이 된 소비자들의 폭동이니까요.

결함 있는 소비자와 끝없는 지뢰밭

사회 불평등이 꼭 혁명을 낳지는 않습니다. 오히려 '지뢰밭'을 낳죠. 지뢰밭은 무작위로 흩어진 폭발물로 가득한 지역이에요. 이들 중 일부는 언젠가 터질 것임을 어느 정도 확신할 수 있죠. 그러나 어느 것이 언제 터질지 예상하기는 매우 어렵습니다. 사회 혁명은 초점화되고 표적화된 사건이기에 이를 찾아 제때 해체하는 조치를 취할 수 있는 여지가 있습니다. 지뢰는 그것이 불가능해요. 물론 한 부대의 병사들이 지뢰를 설치한 지뢰밭에 다른 부대의 병사들을 보내 지뢰를 파내고 해체하라고 할 수는 있습니다. "공병工兵은 평생 단 한 번의 실수만 할 수 있다."라는 옛 병사들의 격언이 상기시키듯 정말 위험한 작업일 테지만 말이죠. 그러나 사회 불평등이 설치한 지뢰에는 이 의심스러운 구제책마저 듣지 않습니다. 지뢰를 설치했던 바로 그 부대가 지뢰를 파내야 하는데, 낡은 지뢰 사이에 새 지뢰를 파묻는 일을 막을 수 없고, 지뢰를 밟고 또 밟는 일을 피할 수도 없기 때문이에요. 이 경우에는 지뢰를 설치하다가 폭발에 희생되는 일이 한꺼번에 일어납니다.

이미 500년 전에 미겔 데 세르반테스Miguel de Cervantes Saavedra 가 말했듯, 사회 불평등은 항상 가진 자와 못 가진 자 사이의 분열에서 생겨납니다. 그러나 가진 것과 못 가진 것의 대상은 시대별로 다양합니다. 그 시대에 가장 열렬히 욕망되고 자신의 처지에 가장 열렬히 분노하게 만드는 대상들이죠. 유럽에서는 200년 전에, 유럽이 아닌 일부 지역에서는 불과 몇십 년 전에, 그리고

지그문트 바우만, 소비사회와 교육을 말하다

오늘날에는 부족 전쟁을 치르는 전쟁터나 독재자들의 놀이터에서, 가진 자와 못 가진 자를 반목하게 만드는 주요 대상은 빵이나 쌀입니다. 과학기술이 발전하고 합리적인 정치적 수단들이 등장하면서 이제 이런 경우는 드물어졌어요. 그렇다고 낡은 분열이 완전히 사라진 것은 아니에요. 오히려 그 반대죠. 부재 때문에 가장 격렬한 분노를 일으키는 욕망의 대상은 점점 많아지고 다양해지며, 그것들이 주는 유혹은 물론이고 대상의 가짓수도 나날이 증가하고 있어요. 더불어 못 가진 자들의 분노와 굴욕과 앙심, 원한도 함께 증가하죠. 그중에는 가지지 못한 것을 파괴하려는 충동도 있습니다. 상점을 약탈하고 불을 지르는 행위는 같은 충동에서 나오며, 같은 열망을 충족시킵니다.

지금 우리는 모두 소비자입니다. 다른 무엇이기보다 먼저 소비자며, 소비자로 존재하는 것이 권리이자 의무예요. 실제로 2001년 9월 11에 있었던 대참사 직후 조지 W. 부시Geroge W. Bush 전 미국 대통령은 정신적 외상을 극복하고 일상으로 돌아가기 위해 미국인들에게 "다시 쇼핑을 계속하라."라고 주문했습니다. 사회적 지위와 성공 경쟁에서 얻은 점수를 측정하는 주요 척도는 쇼핑 활동의 정도, 그리고 얼마나 쉽게 하나의 소비 대상을 처분하고 '더 새롭고 향상된' 대상으로 대체할 수 있느냐입니다. 우리는 곤란함에서 출발하여 만족으로 향하는 길에 마주치는 모든 문제들의 답을 상점에서 찾습니다. 상점을 약국으로 여기도록 요람에서 무덤까지 훈련되고 학습된 덕분이죠. 이 약국에는

결함 있는 소비자와 끝없는 지뢰밭

우리 각자의 삶, 공동의 삶의 모든 병과 고통을 치유하거나, 적어도 그것을 경감시키는 약들이 가득합니다. 상점과 쇼핑은 이렇게 완전히 종말론적 차원을 획득합니다. 미국의 사회학자 조지 리처George Ritzer의 유명한 말처럼 슈퍼마켓은 우리의 사원寺院인 셈이에요. 쇼핑 목록은 성무일도서*며, 쇼핑몰을 따라 걷는 것은 순례라는 말을 덧붙여야 할지도 모르겠군요. 충동적으로 구매하고 더 이상 매력적이지 않은 물건을 갖다 버린 자리에 더 매력적인 물건을 채워 넣으며 우리는 가장 살아 있는 것 같은 감정을 느낍니다. 소비자의 즐거움이 충만하다는 것은 삶이 충만함을 의미하죠. 이런 표현들도 얼마든지 가능합니다. "나는 쇼핑한다, 고로 존재한다." "쇼핑하느냐 하지 않느냐, 그것이 문제로다."

오늘날의 못 가진 자, 즉 결함 있는 소비자들에게 쇼핑할 수 없음은 충족되지 못한 — 별 볼 일 없으며 무용지물인 — 삶임을 나타내는 거슬리고 욱신거리는 낙인이에요. 쇼핑이 불가능하다는 것은 쾌락의 부재뿐 아니라 인간 존엄의 부재를 의미합니다. 삶의 의미의 부재, 더 나아가 인간성 및 자기 자신과 주변의 타인을 존중할 또 다른 이유들의 부재죠.

신도들에게 슈퍼마켓은 숭배의 사원일 겁니다. 소비자의 예

* 성무일도서(breviary): 가톨릭교에서 개인 및 공적 예배에 필요한 찬송가 및 전례문과 기도문을 담은 책.

지그문트 바우만, 소비사회와 교육을 말하다

배당에 부적합해 추방당한 파문자들에게 슈퍼마켓은 유배의 땅에 세워진 적군의 전초기지죠. 이 성벽들은 삼엄한 경계를 갖추고 나머지 사람들을 비슷한 운명으로부터 보호하는 상품들에 접근하는 것을 가로막습니다. 조지 W. 부시 전 미국 대통령이라면 아마 동의하겠지만, '정상'으로의 복귀를 (또 지금까지 한 번도 신도석에 앉아본 적 없는 젊은이들의 접근을) 가로막고 있는 셈입니다. 입구와 감춰진 내부를 지키는 쇠창살과 블라인드, CCTV 카메라와 보안 요원. 이 모든 것이 이곳이 전쟁터며 교전은 아직 끝나지 않았다는 분위기를 더합니다. 우리 한가운데 자리 잡은 이 적군의 성채는 단단한 무장과 삼엄한 경비로 날마다 원주민의 비참한 처지와 낮은 가치, 굴욕을 상기시키는 역할을 합니다. 도도하게 우뚝 솟아 다가가기 힘들 만큼 거만한 분위기를 풍기는 이 성채들은 이렇게 외치는 듯하죠. "자, 어디 한번 해봐! 그런데 너 따위가 뭘 할 수 있지?"

폭동이 있고 얼마 후 브라질 일간지 《우 글로부O Globo》의 페르난도 두아르치Fernando Duarte와 (이메일로) 인터뷰할 기회가 있었습니다. 지금 당신의 질문과도 관련이 깊으니 질의응답의 전문을 인용해볼까 합니다.

(1) 선생님께서는 포스트모더니즘과 소비지상주의에 관해 다수의 글을 쓰셨습니다. 이번 폭동에서 사람들이 주로 소비재consumer goods를 약탈했다는 사실이 큰 아이러니라고 보십니까?

결함 있는 소비자와 끝없는 지뢰밭

이 폭동은 언제든지 터지게 되어 있었습니다. 지뢰밭 한가운데 있는 사람이 폭발물 일부가 언제든 그 성질을 충족시킬 것을 알고 있지만, 언제 어디서 터질지는 모르는 것과 같아요. 하지만 사회적 지뢰밭인 경우 폭발은 정보를 '실시간'으로 전달하고 '카피캣copycat 효과'를 촉진하는 현대 기술 덕분에 순식간에 전파되죠. 이런 사회적 지뢰밭은 소비지상주의와 점점 증대되는 불평등이 하나로 결합될 때 생겨납니다. 굶주리고 궁핍한 사람들, 탄압받는 소수 민족이나 소수 종교 집단의 반란이나 봉기와는 달라요. 이번 폭동은 결함이 있어 부적격 판정을 받은 소비자들, 접근이 거부된 부자들의 진열장에 기분이 상해 굴욕을 느낀 자들의 폭동이었을 뿐입니다. 우리는 모두 쇼핑이 좋은 삶의 비법이고 삶에서 마주치는 모든 문제들의 주요 해결책임을 믿도록 강요와 유혹을 받아왔습니다. 그리고 전체 인구 중 대부분에게는 이 비법을 사용할 길이 막혀 있죠. 영국에서 일어난 도시 폭동은 바로 이 좌절된 소비자들의 반란으로 보았을 때 가장 잘 이해할 수 있을 겁니다.

(2) 폭동 이면의 사회적 뿌리를 분석하는 많은 논의들이 있습니다. 그 가운데 불가피하게 불평등에 대한 분석이 나올 수밖에 없는데요. 가진 자와 못 가진 자의 개념은 지난 몇십 년간 무척이나 큰 변화를 겪은 듯 보입니다. 이런 상황에 불평등의 문제를 다루는 것은 정부 당국에게 까다로운 과제일까요?

지금까지 영국 정부의 대응은 신용 붕괴가 일으킨 경제 불황에 대한 각국 정부들의 대응과 비슷합니다. (각국 정부는 금융 기관 '정상화'를 위해 은행에 재융자를 지원했죠. 주택자금대출의 재융자가 붕괴와 불황의 주요 원인이었는데도요!) 굴욕을 당한 이들의 폭동에 대해 영국 정부가 취한 조치는 ─ 굴욕의 원인인 소비지상주의와 불평등의 결합은 건드리지도 않은 채 ─ 반란의 원인인 굴욕을 더욱 강화하게 될 겁니다. 정부가 택한 이 강경하고 고압적인 조치는 당장은 폭발을 멈추게 할지 모르지만, 폭발의 원인인 지뢰를 해체해 추가 폭발을 방지하는 데는 아무 소용이 없습니다. 사회 문제는 결코 통행금지로 해결할 수 없어요. 다만 썩어 곪아 터지게 놔둘 뿐이죠. 영국 정부의 대처는 그릇된 시도며, 사회가 장기적으로 겪어온 고통에 대한 일회성 임시방편에 지나지 않습니다. 이런 종류의 고통과 정면으로 부딪치려면 진지하게 사회가 작동하는 방식을 개혁해야 하며, 진정한 문화 혁명이라 부를 만한 것이 필요합니다. 프랑스 사회학자 에드가 모랭Edgar Morin도 최근 상파울루를 방문해 비슷한 말을 했죠.

(3) 빈곤 계층의 젊은이들과 대화를 나누다 보면 교육과 취업의 기회를 뺏긴 데 대한 분노를 뚜렷이 느낄 수 있습니다. 그러나 예를 들어 젊은이들이 대학에 불을 지르는 일은 없었는데요. 대학보다 딕슨 같은 전자제품 매장을 불태우는 일이 더 상징적이라고 할 수 있을까요?

결함 있는 소비자와 끝없는 지뢰밭

젊은이들은 분노한 이유를 대라는 압박에 (대개 텔레비전에서 듣거나 신문에서 읽은 내용을 되풀이하는 데 불과하지만) 무슨 말을 하든 분명한 사실은 이들이 '사회를 변혁할' 생각으로 상점을 약탈하고 불태우지는 않았다는 거예요. 이들의 목적은 현 질서를 보다 인도적이고 품위와 존엄이 있는 삶에 더 알맞은 질서로 바꾸는 게 아니었습니다. 소비지상주의에 맞선 것이 아니라 아주 잠시라도 자신들을 배제한 소비자 집단에 합류하려는 (그릇된 판단이었기에 실패할 운명인) 시도를 했던 거죠. 이들의 폭동은 축적된 좌절이 무계획적으로, 조직적이 아니라 자연 발생적으로 폭발한 것입니다. 그러므로 '하기 위해'가 아니라 '때문에'라는 말로 설명될 수밖에 없어요. '무슨 이유로' 이런 폭동이 일어났냐고 묻는 질문이 과연 이 파괴의 잔치에 쓸모 있는 질문인지 의심스럽습니다.

(4) 현재 영국의 공영주택단지는 인종 분리 지역으로 묘사되고 있습니다. 이런 단지를 만든 공공 정책에 책임을 물어야 한다고 생각하십니까?

영국 정부들은 이미 오래전에 잇따라 공영주택단지 건설을 중단했습니다. 인구의 공간적 배분과 그에 따른 골칫거리와 문제는 온전히 시장에 맡겨졌죠. 박탈된 사람들이 빈민가나 다름없는 도시 특정 지역에 밀집해 사는 이유는 사회 정책 때문이 아니라 주택 가격 때문입니다. 더 부유한 구역에 사는 도시 거주민들이 각종 도시 문제들로부터 벗어나 이른바 '빗장 공동체gated communities' 안에 스스로를 격리하는 경향이 커지면서 분리는 더욱 심화되죠. 오늘날 도시의 분리와 양극화는 시장이 정치적 통제를 벗어나 제멋대로 작용한 결과입니다. 국가 정책이 여기 기여한 바가 있다면, 복지를 책임지려 하지 않고 민간 자본에 모든 걸 '위탁'하기로 결정한 점일 것입니다.

(5) 선생님께서는 《소셜 유럽 저널Social Europe Journal》에 기고한 글에서 폭동을 일종의 사회 혁명으로 인정할 수 없다고 말씀하셨습니다. 지금의 시국에 조금이나마 사회 변혁을 갈망하는 조짐이 있다고 볼 수는 없을까요? 이것은 그저 여러 욕망 사이의 거대한 불균형일 뿐일까요?

지금까지 그런 갈망의 증거를 찾지는 못했습니다. 부유하고 안락한 삶을 사는 사람들은 항상 자제하고 극기하는 소박한 삶을 낭만적 이상으로 삼아왔습니다. 하지만 그 안락의 '부수적 피해자'들은 부유한 자들을 모방하고 싶어 합니다. (비합리적인 수단으로만 실현되는 비합리적인 꿈이죠!) 이들은 결코 자기 삶의 방식을 자제하고 절제하는 온건한 방식으로 바꾸고 싶어 하지 않아요. 닐 로슨Neal Lawson은 현재 이런 분위기를 다음과 같이 예리하게 짚어냅니다. "누군가 쓸모없이 붙인 '야생화된 하층민'■이라는 꼬리표는 지금을 사는 '야생화된 엘리트'의 거울상 — 왜곡되고 뒤틀렸음이 분명하지만 그래도 거울은 거울인 — 에 불과하다."

(6) 대규모 경찰 병력은 곧 거리에서 철수하게 될 것 같습니다. 시민들은 '정상적'인 일상으로 되돌아가겠죠. 하지만 이 최초의 소비자 폭동이 비교적 성공을 거두었음을 감안할 때, 런던에 추가 사태가 발생할 가능성이 있을까요?

그 점은 저도 잘 모르겠습니다. 그러나 우리는 모두 징벌적 진압을 통해 할 수 있는 일은 국지적 진화밖에 없음을 경험적으로 잘 알고 있습니다. 현재 화염에 휩싸인 지역을 정비하고 재건해 '사회적 인화성'을 영구히 제거하기 위한 방법은 아닌 거죠. 임

■　영국의 법무부 장관 케네스 클라크(Kenneth Clarke)는 2011년 영국 폭동이 사회 최하층에 깊이 뿌리 내린 범죄자들에 의해 발생했다고 주장하며 이들을 '야생화된 하층민(feral underclass)'이라 명명했다. 이에 대해 영국의 시사평론가 닐 로슨을 비롯한 여러 지식인, 언론인 들은 '인간의 손길에서 풀려나 야생으로 돌아간 상태'를 뜻하는 'feral'이라는 단어는 오히려 통제를 벗어난 자본주의 경제나 미디어, 특권 엘리트 계층에 더 어울리는 단어라고 반박하며 그의 발언을 비판하고 나섰다.

지그문트 바우만, 소비사회와 교육을 말하다

의적 경찰 행동의 유일한 효과는 추가 경찰 행동이 더 강압적이 되어야 할 필요성을 부여하는 것뿐입니다. 다시 말해 경찰 행동으로 인해 경찰 행동의 필요성이 재생산되는 거죠. 잊지 마세요! 부적격이 되어 좌절한 소비자를 '정상'으로 되돌린다는 말은 곧 이들을 지뢰밭으로 돌려보낸다는 말과 똑같습니다.

(7) 마지막으로 중요한 질문입니다. 영국 주간지 《뉴 스테이츠먼 New Statesman》에 실린 마지막 질문이 인상적이어서 여쭙습니다. 소비지상주의가 포스트모던 사회에 이토록 깊이 스며든 이때, 우리는 모두 불행한 결말을 맞게 될까요? 사람들이 '정상의 각본대로 쇼핑'하는 상황을 어떻게 해결해야 할까요?

몇 달 전 프랑수아 플라오François Flahaut는 공공선의 이념과 공공선이 추구하는 현실을 다룬 매우 주목할 만한 연구서를 하나 발표했습니다.[14] 철저히 '개인화'된 최근 사회 형태에 초점을 맞춘 이 책은 오늘날 인권 이념이 '좋은 정치' 개념을 대체하고 제거하는 데 이용된다는 메시지를 담고 있습니다. 그러나 인권 이념이 현실화되기 위해서는 반드시 '공공선common good' 이념에 기초해야 하죠. 인간이 공존한다는 것과 사회적인 삶을 산다는 것에서부터 우리 모두에게 유익한 공동 자산이 형성되며, 이 공동 자산으로부터, 그리고 이 공동 자산 덕분에 모든 문화적 재화와 사회적 재화가 파생됩니다. 그런 까닭에 우리는 행복을 추구

결함 있는 소비자와 끝없는 지뢰밭

할 때 공동의 삶의 경험과 제도, 기타 문화적이고 자연적인 현실이 증진되는 데 중점을 두어야 합니다. 인간의 공존을 개인들의 경쟁과 대결로 변형시키는 부의 지표가 아니라요.

그러므로 ─ 아직 경험이 뒷받침된 확실한 대답은 아니지만 ─ 요약하면 이렇습니다. 부의 추구와 시장에서 공급되는 소비재의 향유, 남보다 앞섰기에 얻는 기쁨은 경제가 무한히 성장한다는 이념과 결합해 행복한 삶의 거의 보편적인 레시피 역할을 합니다. 문제는 이것을 공생성conviviality의 기쁨으로 대체할 수 있느냐입니다. 더 간단히 말하면 공생의 즐거움에 대한 욕구가 아무리 '자연스럽고' '고유하고' '자발적'이더라도, 오늘날 지배적인 사회 형태 안에서 공리주의의 덫을 피하고 마케팅의 중재를 뛰어넘어 그 욕구를 추구할 수 있겠느냐 하는 점이죠. 물론 우리 자신의 의지로 선택하지 않더라도 다른 한쪽에서 거부당한 후 피치 못해 공생을 받아들이게 되는 일도 있습니다.

서리 대학의 팀 잭슨 교수는 《성장 없는 번영》에서 오늘날의 성장 모델은 돌이킬 수 없는 피해를 낳는다고 경고합니다.[15] 이는 성장이 여가, 건강, 교육과 같은 서비스보다 물질적 생산의 증가로만 측정되기 때문입니다. 팀 잭슨은 21세기가 끝날 때쯤이면 "우리 아이들과 아이들의 아이들은 이상 기후, 자원 고갈, 생태계 파괴, 멸종 위기 및 식량 부족, 대규모 이주와 불가피한 전쟁을 겪게 될 것"이라고 경고하죠. 권력자들이 열렬히 부추기고 지원하고 북돋우는 부채 주도 소비는 "생태학적으로 지속 불가능하고, 사회적 문제를 낳으며, 경제적으로는 불안정"합니다. 잭슨은 몇 가지 더 섬뜩한 의견을 제시합니다. 전 세계 인구 중 상위 20퍼센트의 부자가 전 세계 소득의 74퍼센트를 벌고, 하위 20퍼센트는 겨우 2퍼센트만을 버는 우리와 같은 사회 환경에서, 황폐화를 정당화하는 흔한 술책은 빈곤을 없앤다는 고귀한 명목을 내세운 경제 성장 정책으로 영속화됩니다. 이것은 순전한 위선이며 이성에 대한 모욕일 수밖에 없어요. 그러나 가장 대중적이고 (영향력 있는) 정보 채널들은 이 사실을 거의 일반적으로 무시합니다. 아니면 황야에서 외치는 자신들의 곤궁한 처지에 무뎌지고 익숙해진 목소리들을 지면이나 방송에 초대해 가볍게 다루고 넘어가버리죠.

제러미 레깃Jeremy Leggett은 (2010년 1월 23일 자《가디언》에서) 잭슨의 조언에 따라, 번영이 (불행한 결말이나 완전한 자멸을 맞는 것이 아니라) 지속되려면 "부를 끌어모으는 종래의 방식에서 벗어나" 밖으로 눈을 돌릴 필요가 있다고 말합니다. (제 의견을 덧붙이자면, 상품과 에너지의 사용, 남용, 오용의 악순환의 바깥으로 말이죠.) 그 바깥은 바로 관계와 가족, 이웃과 공동체, 삶의 의미, "미래에 가치를 두는 직능사회 안에서의 천직"이라는 모호하고 난해한 영역의 내부입니다. 잭슨은 책의 서두에서 경제 성장을 문제 삼는 것이 "미치광이나 이상주의자나 혁명가"의 행위로 여겨진다는 사실을 냉정히 인정합니다. 그는 "성장 아니면 도태"를 외치는 이데올로기의 사도들과 중독자들로부터 셋 중 하나, 또는 셋 모두로

결함 있는 소비자와 끝없는 지뢰밭

지목될 위험을 예상하고 두려워하면서도 감수하죠.

애덤 스미스Adam Smith의 지적대로 우리는 빵집 주인의 탐욕이 있기에 매일 시장에서 신선한 빵을 살 수 있습니다. 빵집 주인의 이타심이나 자선, 선행, 높은 도덕적 기준 때문이 아니에요. 상품이 시장 가판대에 놓이고 그곳에서 틀림없이 물건을 찾을 수 있는 것은 모두 이윤을 추구하는 너무나 인간적인 욕망 덕분입니다. 아마르티아 센Amartya Sen은 품위 있는 인간적 삶을 영위하기 위해 복지와 자유가 경제의 궁극적 목적이 되어야 한다고 주장하는 학자입니다.[16] 그런 그조차 "경제 번영은 시장을 널리 이용하지 않으면 사실상 불가능하며, 그러므로 시장의 불가피한 발달을 금지하기보다 활성화하여 풍요롭고 공정한 경제계의 일부가 되도록 해야 한다."라고 말합니다. 뒤이어 센은 다음과 같은 논의를 전개하죠. 첫째, 이윤에 대한 욕망과 이윤 추구를 없애면 시장은 물론 상품도 함께 사라진다. 둘째, '경제를 번영하기' 위해 시장이 꼭 필요하다고 할 때 인간의 동기에서 이기심과 탐욕을 제거하려면 모두 위험해질 각오를 해야만 한다. 마지막으로 셋째, 결론 : 이타심은 '경제 번영'과 충돌한다. 당신은 어느 한쪽을 가질 수는 있지만 한꺼번에 둘 다를 가질 수는 없다.

잭슨은 인간 이성과 설득력에 내기를 걸어 이 심각한 장애물을 뛰어넘습니다. 분명 둘 다 강력하며 '경제 시스템을 개조'하는 데 정말로 효과적인 무기일 테죠. 하지만 불행한 사실은 이성의 명령이 추론된 현실에 의존하고 있으며, 이성적 행위자들에 의해 추론된 이 복수의 현실들은 이것들을 무시하거나 폄하하는 그 어떤 논의들보다 강력하게 '설득력'을 없애버린다는 겁니다. 지금 우리가 논의하고 있는 현실은 오로지 '새로움에 대한 욕구'의 끊임없는 강화를 통해, 따라서 경제 '번영'을 지속시키는 탐욕과 과욕을 통해 스스로 유발한 (사회 유지를 위협하는 사회 갈등과 적대감이라는) 문제들을 (불완전하게나마) 해결할 수 있는 사회입니다.

잭슨은 세 단계의 프로그램을 제안합니다. 사람들이 경제 성장에는 한계가 있음을 인식하게 할 것. 자본가들이 이윤을 분배할 때 '재정적 측면'뿐만 아니라 공동체에 돌아가는 사회적이고 환경적인 이득을 고려하도록 납득시킬 것(의무화할 것?). 정부의 '사회 논리를 변화시켜' 사람들이 물질주의적 방식을 통하지 않고도 자기 삶을 확장하고 풍요롭게 만들도록 유도하는 유인책들을 배치해 운용하게 할 것. 그렇지만 또다시 문제는, 사람들이 가장 먼저 시장에서 보상을 구한다는 점입니다. 우리가 처한 이런 조건들을 직시하지 않고 이 모든 것을 진지하게 고려할 수 있을까요? 다시 말해 진짜 구제책이 없거나, 없다고 추정되는 고충과 사회가 방치한 불안은 시장이 제공하는 수단 외에 다른 배출 수단을 찾을 수 없습니다. 결국 치료약이나 해결책을 찾을 수 있다는, 헛되고 기만적이지만 끈질긴 희망을 안고 다시 소비자 시장으로 향하는 이들을 어떻게 해야 할까요?

15

리처드 세넷과
차이에 관하여

리카르도 마체오 영국에서 일어난 폭동에 관해 정말 명쾌한 분석을 해주셨습니다! 이탈리아 주간지 《레스프레소》의 버밍엄 특파원 파브리치오 가티Fabrizio Gatti는 이번 주 기사에 선생님의 다음 글을 인용했습니다. "사회학자 지그문트 바우만은 이번 폭동을 가장 통찰력 있게 분석했다. 바우만은 이렇게 쓰고 있다. '인구의 공간적 배치와 그에 따른 골칫거리와 문제는 완전히 방치되어 시장에 맡겨졌다. 박탈당한 가난한 사람들이 도시 특정 지역에 밀집해 사는 이유는 사회 정책 때문이 아니라 주택 가격 때문이다.'" 가티는 선생님께서 데이비드 캐머런처럼 '망가진 사회'를 언급하는 대신, '빗장 공동체'를 언급했다는 사실을 강조합니다. 제가 젊은 철학자들 중 가장 뛰어나다고 생각하는 미켈라 마르차노Michela Marzano는 빗장 공동체를 다음과 같이 인상적으로 묘사했습니다.

국경이 사라졌다고 추정되는 세계화된 세계에서 세계의 나머지 인구, 특히 사회적으로 가장 혜택을 받지 못한 이들과 영원히 마주칠 일 없이 어떤 보호 구역 안에서만 살고, 일하고, 이동하는 부류의 사람들이 있다. 실은 자신들이 하나의 인류에 속한다는 사실을 이들이 납득하리라 기대할 수 있을까? 눈에서 멀어지면 마음

리처드 세넷과 차이에 관하여

에서도 멀어진다. 참호를 파는 것은 분명 타인에 대한 공포를 극복하는 방식의 하나지만 그 결과는 흔히 기대와는 정반대다. 장벽은 보호를 승인하는 것이 아니라 오히려 차이를 굳히고 자기도취를 조장하며 더 큰 공포를 낳는다. 이름 없는 위험한 적들이 사방에 도사리고 있으며 따라서 어떤 방어 조치도 정당하다는 생각을 벽이 있기 때문에 하게 되는 것이다.

로드리고 플라Rodrigo Pla 감독의 〈빈민금지구역 라조나La Zona〉 (2008)에는 이 점이 잘 드러나 있다. 이 영화에는 벽으로 둘러싸인 한 빗장 공동체에 침입한 빈촌 출신 멕시코 소년 셋이 등장한다. 곳곳에 감시 카메라가 설치되어 있고 사설 경비요원들이 순찰을 도는 이 구역에 출입이 가능한 이는 주민들뿐이다. 소년들은 어떤 집에 몰래 침입하고 그중 두 명이 자신들을 붙잡은 집주인을 우발적으로 죽이게 된다. 즉시 경비요원이 출동해 둘을 죽이고 홀로 남은 소년은 가까스로 탈출한다. 달아나던 소년은 구역The Zone의 더 깊숙한 곳으로 들어가고, 주민들은 경찰을 부르는 대신 이 폐쇄 공동체 ― 주민들은 자신들 말고는 어느 누구도 믿지 않으며 외부인은 누구나 위협으로 간주한다 ― 가 누리는 예외 상태에 근거해 민간 사법을 집행하기로 결정한다. 잔인한 인간 사냥이 시작되고, 반대를 표시한 사람들은 모두 처음엔 의심을 받다가 나중엔 공공연히 적의의 대상이 된다. 주민들은 모두 출구 없는 극악무도한 논리에 사로잡히며, 더 이상 인간으로조차 간주되지 않는 무고한 소년은 결국 무참히 처형당한다.

〈라조나〉는 분열되어 서로 반목하는 사회에 관한 영화다. 양쪽으로 쪼개진 이 둘은 서로를 두려워하며 증오한다. 소수가 몰염치할 만큼의 부를 갖고 다른 한쪽은 절망적으로 가난한 사회에서 달리 무엇을 할 수 있겠는가? 아무리 높은 벽을 세운들 공포를 달랠 수 있을까? 벽 뒤에 숨은 이들의 고립은 더 심한 공포를 낳지 않는가? 구역의 주민들은 벽으로 사방을 둘러싸고 스스로를 감금한다. 벽은 결국 공포를 더욱 강화할 뿐인데, 이 벽이 바로 타인과의 분리를 물질적으로 구현하기 때문이다. 이 무관심하고 냉담한 세계 — 오직 자신의 규칙만을 따르며, 오직 자신의 규칙으로만 평화와 안전을 지킬 수 있다고 여기는 공동체 — 속에서는 모든 것이 허용된다. 이것이 이방인은 누구나 색출해 죽여야 할 적이 되는 이유다.[17]

가티는 다음과 같이 요약합니다. "노동 계급의 땅에 발을 들인 적이 없는 영국 상류층 남성들은 알카에다의 분산 이후 이제 새로운 적을 발견했다. 그것은 바로 학생들, 영국의 10대들이다. 누가 봐도 해결책은 분명하다. 학교 교육을 강화하고 교사들을 훈련시키며 기업이 일자리를 창출하도록 돕는 정책이 필요하다. 사회는 재건되어야 한다. 그러나 오늘날 사회 성장을 위한 모든 정책은 증권 거래소와 자유 무역 투자의 보복을 받게 될 것이다."

리처드 세넷과 차이에 관하여

지그문트 바우만 점점 디아스포라화되고 있는 우리 사회에서 다수의 도시 거주민들이 이방인에게 노출되었을 때 불안과 위협을 느낀다는 사실은 그리 놀랍지 않습니다. (도시의 삶은 늘 이방인들에게 둘러싸인다는 것을 의미했죠.) 이방인 중에는 기존의 이방인도 있지만 전혀 새로운 종류의 이방인도 있습니다. 이전에 결코 볼 수 없었던 이 이방인들은 '길들여지지 않은' '야생의' 존재로 미지의 위험을 품고 있다고 추정됩니다. '본능적인' 첫 반응은 빗장 공동체라 불리는 작은 요새 안으로 물러나 문을 걸어 잠그는 겁니다. 당장 이 이방인들을 쫓아내라는 요구가 뒤를 잇죠. 온갖 선동가들이 신이 나 떠들어댑니다. 아무런 대응도 없으면 이 과정은 고유의 가속도를 얻어 스스로를 강화하는 경향이 있습니다. 공포를 느낀 사람들은 위험의 명시적 매개체인 소통을 거부하거나 중단하죠. 일단 소통이 중단되면 주장된 또는 상상된 위협의 유령이 자라나 소통을 더 공격적으로, 급진적으로, 결국에는 완전히 단절시킵니다. 상호 소통이 없으면 제안된 상상을 시험 삼아 실행해볼 기회가 줄어들고 서로 만족하는 '공존의 생활양식modus co-vivendi'을 도출할 기회는 거의 사라집니다. 지금은 골칫거리로만 보이는 도시의 문화적 다양성을 자산으로 바꾸는 일은 공존의 생활양식을 통해 가능해지죠. 이 고르디우스의 매듭을 자르는 데 교육이 큰 도움이 될 수 있을 거라 생각합니다.

미국 공화당의 아이오와 주 하원 의원 후보로 나섰던 팻 버트로치Pat Betroche는 자신의 블로그에서 불법 이민자들의 몸에 마이

크로 칩을 삽입하자고 제안했습니다. 그는 어차피 애완견을 찾고자 할 때도 몸에 칩을 이식하는데 불법체류자에게 같은 일을 하면 안 될 이유가 뭐냐고 묻죠. 정말, 그 이유를 모르는 걸까요?

　최근 아랍 세계 전역에 민주화를 지지하며 봉기한 민중과 독재 정권을 수호하려는 세력 간의 거대한 충돌이 일어나고 있습니다. 이 현장을 보도하는 유럽 언론에는 두 가지 유형의 뉴스가 두드러지게 나타납니다. 한쪽에서는 이 나라들에 체류하고 있는 자국민들이 곤경에 빠졌음을 강조하죠. 그들에 따르면 이들의 생명은 큰 위험에 처했으며 분쟁 지역에서 멀리 떨어진 안전한 곳으로, 즉 지중해 남부 해안에서 북부 해안으로 최대한 신속히 이동시켜야 합니다. 이는 정부가 실행해야 할 가장 시급한 임무며, 조금도 지체해서는 안 됩니다. 다른 유형의 뉴스는 지중해 남부 해안에 격렬하게 번지는 내전으로부터 필사적으로 도망친 난민들이 지중해 북부 해안으로 몰려들 위험에 대해 보도합니다. 이를 막는 것은 정부의 가장 시급한 임무며, 역시 조금의 지체도 있어서는 안 되죠.

　리비아 유혈 사태 때도 뉴스의 흐름은 이와 비슷하게 두 갈래로 갈라져 동시에 전송되어 보도되었고 유럽 정부들은 깊은 안도의 한숨을 내쉬었습니다. 발레타에는 영국인 피난민들을 가득 태운 배가 정박했고, 리비아 군중들은 피난처를 찾아 — 이 경우에는 이집트와 튀니지 국경으로 — 달아났어요. 튀니지에서 정권이 교체되었다는 소식을 들은 이탈리아 정부의 첫 반응은 튀니지 난민의 접근을 막을 요량으로 이탈리아 영토인 람페두사 섬에 추가 해군 병력을 보내는 것이었죠. 그다음 프랑스 총리 프랑수아 피용François Fillon은 해방된 리비아 도시 벵가지에 비행기 두 대로 의료진을 파견하겠다고 발표했고요. 이를 민주화를 위해 싸우는 용맹한 투사들과의 연대, 그리고 기꺼이 그들을 도와 전투에 참여하겠다는 의지를 증명하는 긍정적 몸짓이라 말할 수도 있습니다. 아마 피용이 설명한 파견 이유를 직접 읽지 않았다면 그렇게 말했겠죠. 피용은 의료진 파견이 지중해 연안 국가들로 무섭게 밀려드는 이민자들의 물결을 멈출 수단의 하나며, 이민자들이 완전히 발을 끊게 만드는 가장 좋은 방법은 리비아 정세를 신속히 안정화하는 것이라고 말합니다.

이런 현상이 예외적 사건이나 긴급 조치라고 설명하기는 쉽지만 이는 사실과 달라요. 지중해 북부의 셍겐 협정▪ 가입국들은 거의 20년 동안 자국 내부 또는 지중해 남부 인접국들의 예비 이민자들을 적발해 가두는 정책들을 '보완'해왔어요. '쌍무협정'은 사실상 모든 경우 타락한 전제 정권과 비공식적으로 조인

▪ 셍겐 협정(Schengen Agreement):
1985년 프랑스, 독일, 벨기에, 네덜란드,
룩셈부르크의 5개국 협정으로 출발했다.
협정국 간 인적 자원의 자유로운 이동을
위한 이동 자유화와 국경 철폐 등을 골자로
하며 몇 차례의 보완을 거쳐 현재 26개국이
회원으로 가입해 있다.

지그문트 바우만, 소비사회와 교육을 말하다

되거나 체결되었죠. 이들 정권은—부도덕한 밀수 조직과 결탁해—빈곤에 빠지고 박해받는 망명자들의 불행에서 이득을 얻어요. 범죄 조직에서 마련한, 항해가 거의 불가능한 소형 보트에 초과 승선한 망명자 수천 명은 반대편 해안에 닿지도 못한 채 바다 위에서 목숨을 잃고 맙니다.[18]

또한 관례적으로만 엄격했던 유럽 이민법과 망명법이 현재 점점 더 엄격해지고 있으며 망명 희망자들과 이미 망명에 성공한 이들에게 취하는 고압적 태도도 점점 더 강화되고 있음을 짚고 넘어가야 합니다. 이 모든 것은 튀니지에서 바레인까지 퍼지고 있는 사회 정치적 불안과는 아무 관련이 없어요. 니콜라 사르코지 대통령은 최근 프랑스 국적을 취득한 외국인들에게 돌연 강경한 자세를 취했습니다. 저명한 인류학자이자 사회학자인 에리크 파생Éric Fassin은 2011년 2월 26일 자《르몽드》에서 이를 언급하며, 사르코지의 목적은 모든 프랑스 국민이 "대통령의 정책이 구매력(의 하락)에서 사회 불안정(의 증가)까지 모든 측면에서 실패했음을 망각하게" 만드는 것이라고 말합니다. 특히 사르코지의 가장 큰 실패는 사회적 보호를 시장 원리에 의해 작동되는 무한 경쟁 상태로 대체하는 과정에 국가 정체성 정책을 눈가림으로 사용한 것입니다.

분명 여기 새로운 이야기는 아무것도 없어요. 내부의 (특히 정착한) 외국인과 '성문 밖의' (특히 문을 통과할 타당한 이유가 있는) 외국인은 이미 '용의자' 이미지로 굳어져버렸죠. 이 외국인들은 통치자 집단 내부에 악행이나 비행, 크고 작은 실패가 발생해 공개 조사를 받을 일이 생길 때마다 가장 먼저 잡혀 들어갑니다. 방송 국은 이들이 체포되는 장면을 집요하게 찍어 납치된 항공기가 세계무역센터 쌍둥이 빌딩을 들이받는 영상만큼이나 빈번히 텔레비전 화면에 내보내죠. 프랑스 정부가 이민자로 인해 발생한 내부 보안 문제 해결을 가장 시급한 과제로 선택한 직후, 곧바로 거물급 우파 인사들을 외무부, 내무부, 국방부 장관으로 임명하는 개각이 단행되었습니다. 사르코지가 즉각 설명한 내각 개편의 의미에는 그 어떤 상상의 여지도 없습니다. "프랑스 공화국 대통령으로서 나의 임무는 미래의 위험을 설명하는 것이지만, 그보다 중요한 것은 프랑스의 현재를 보호하는 것이다." 그리고 이것이 그가 "외교와 안보를 다루는 부처의 개편"을 결심한 이유입니다. 그리고 그 자리에는 "아무도 그 경로를 예측할 수 없는 미래의 사건들에 대응할 준비가 된" 이들이 임명되죠.

2004년은 좋은 시절이었어요. 주식과 부동산 시세는 날마다 고점을 찍고 국민총생산은 계속해서 증가하는 한편 실업률은 안정적이었죠. 중산층의 지갑과 중산층에 합류하고 싶어 하는 이들의 지갑이 각종 신용카드로 두둑해지고 있을 때, 당시 내무부 장관이었던 니콜라 사르코지는 온건한 목소리로 '프랑스의 이슬람'과 프랑스의 다양성, 다문화주의를 말했습니다. 심지어 소수자 우대 정책 또는 긍정적 차별이 '도시 외곽 지역banlieue'에 평화와 우정을 가져올 거라고 말하기까지 했죠. 그는 이슬람을 특별한 주의를 요하는 특히 의심스러운 현상으로 보는 대중 영합주의자들의 경향에 동의하지 않았습니다. 자신의 책《공화국, 종교, 희망La République, les religions, l'espérance》(2004)에서 사르코지는 이슬람은 위대한 종교 중 하나며 2004년의 프랑스는 더 이상 배타적인 가톨릭 국가가 아니라 다문화 국가가 되었으므로, 동화와는 완전히 다른 상황인 통합에 대해 논의하고 고민해야 한다고 지적했습니다. 현재는 폐기된 '동화'라는 가설과 달리 통합 정책은 이주민들에게 본래의 정체성을 포기하도록 요구하지 않습니다. 에리크 파생이 상기시키는 것처럼, 대통령에 당선된 사르코지는 새파랗던 프랑스 하늘을 이미 먹구름이 덮어버린 2008년에조차 '동족' 논리를 강하게 비난합니다. 이를 '기회의 평등' 논리로 대체해야 한다고 주장하며 "공동체주의의 가장 훌륭한 치료약"은 (프랑스 담론에서 공동체주의communautarisme는 자율적이면서 부분적으로는 자기 폐쇄적인 자치 공동체들로 쪼개진 인구 집단을 지칭하는 개념입니다.) "약속을 이행하는 공화국"임을 지적하죠.

글쎄요, 미국인들이 흔히 쓰는 표현을 빌리자면 지금은 전혀 다른 게임이 되었습니다. 모든 일은 2010년 초 그르노블에 집시 추방령이 떨어지며 시작되었어요. 집시는 용의자 중에서도 가장 먼저 의심받는 이들이 아닙니까? 그러나 집시 추방 사태는 그저 간단한 '오르되브르hors d'oeuvre, 전채 요리'에 지나지 않았다는 사실이 곧 드러났죠. '도착한 사람들ceux qui arrivent'과 '맞이한 사람들ceux qui accueillent'이 균형을 이루고 있다는 가정, 최근까지 정부 청사에서 공표했던 것들의 바탕이 되었던 가정이 거의 유명무실해지고 말았으니까요. 양쪽에는 더 이상 동등한 기준의 존중이 요구되지 않습니다. 이제 존중받을 이유는 오로지 프랑스적인 것이기 때문이며, 이를 존중하는 것은 '받아들여진accueillis' 쪽의 의무입니다. 잘 받아들여졌든 잘못 받아들여졌든 그건 중요하지 않아요. 프랑스 공동체는 ('공동체'라는 단어가 무엇을 의미하든) 고유의 살아가는 방식, 즉 생활양식을 바꾸길 원치 않는다는 선언이 이루어집니다. 그러나 이 '받아들여진' 쪽이 계속 '받아들여지기' 위한 불문의 조건은 ─ 원하든 원치 않든 ─ 자기 삶의 양식을 바꾸는 것입니다. 그리고 (프랑스의 영광에 기여한 개인으로 둘째가라면 서러울) 위대한 프랑스 작가 알베르 카뮈Albert Camus가 이미 현대적 위선의 상징이라고 언급한 습관에 의거해, 악은 또다시 선의 이름으로 자행되고, 차별은 평등의 이름으로, 압제는 자유의 이름으로 촉진됩니다. 이들의 논리는 예컨대 이런 식이죠. "우리는 무슬림 소녀들이 학교에 다닐 권리에 대해 타협하고 싶지 않다……."

논쟁의 여지가 있는 사안임은 분명하죠. "관용의 적들에게 관용은 없다." 또는 "자유의 적들에게 자유는 없다."라는 구호들이 예사롭게 들리지 않는 이유입니다. 이들이 이런 행동을 할 수 있는 이유는 아직 완전히 증명되지 않은 것을 자명한 진리로 취하며, 비난과 억압 ─ 위와 같은 구호로 정당화하지 않으면 안 되는 ─ 의 대상이 되는 쪽이 정말로 기소당한 죄에 책임이 있는

지그문트 바우만, 소비사회와 교육을 말하다

지 묻는 질문을 사전에 차단하기 때문입니다. 또 이들은 부당하게 한꺼번에 검사와 판사 노릇을 하는 것을 얼버무리고 넘어가는 걸로도 모자라 기소할 권리에 대한 질문들을 생략해버립니다. 그러나 교육기관에서 히잡 착용을 금지하는 행위가 정말로 '무슬림 소녀'들이 학교에 다닐 권리를 확보하는 데 도움이 될까요? 파리 정치대학 국제관계연구소의 앙드레 그르제빈은 역시 2011년 2월 26일 자《르몽드》에서 다음과 같이 주장합니다. "일반적으로 타자성alterity은 정신적 개방성의 원천으로 여겨지나, 다른 한편으로 근본주의와 몽매주의, 폐쇄성의 매개체가 될 수도 있다."[19] 하지만 그르제빈도 자신의 추론 순서가 겉으로는 중립적이며 '감정도 편향도 없어sine ira et studio' 보이지만 이미 그 자체로 하나의 판단이며 단지 그렇지 않은 것처럼 위장했을 뿐임에 동의하지 않겠습니까? 어쨌든 그는 누군가에게는 정체성과 안전의 매개체로 여겨지는 정신적 폐쇄성도 근본주의 및 몽매주의의 원천이기는 마찬가지라고 말하지 않습니다. 적어도 이 둘 사이에는 그가 전면에 내세우고 싶어 한 연관성만큼이나 현실적인 연관성이 존재하는데도요. 또 그는 어떤 정신적 개방성의 존재가 다른 것을 폐쇄적으로 만들기는 하지만, 모든 근본주의의 만고불변하는 표지는 정신적 개방성의 부재임도 밝히지 않습니다. 대개 개방성은 개방성을 부추기고 촉진하며 육성합니다. 폐쇄는 폐쇄성을 부추기고 촉진하고 육성하고요.

레바논 태생의 작가로 프랑스에 정착해 프랑스어로 글을 쓰는 아민 말루프Amin Maalouf는 '소수 민족', 즉 이민자가 이주해 온 나라에서 서로 상충하는 문화적 압력을 받았을 때 어떤 반응을 보이는지를 고찰해왔습니다. 말루프의 결론은 이주 국가에서 자기 본래의 문화 전통이 존중받는다고 느끼는 이민자가 많을 수록, 그리고 다른 정체성 때문에 혐오, 증오, 거부, 두려움, 차별의 대상이 되거나 배척당한다는 기분을 덜 느낄수록 자기 앞에 놓인 새로운 나라의 문화적 선택지에 더 큰 매력을 느끼며, 분리를 고수하는 정도도 훨씬 느슨해진다는 것입니다. 말루프는 자신의 관찰이 이문화 간 대화의 미래에 큰 시사점을 가진다고 제언합니다. 그의 관찰을 통해 우리의 의심과 추측을 확인할 수 있습니다. 앞서 우리는 인지된 위협이 없다고 느끼는 정도와, 다른 한편으로 문화 차이라는 쟁점의 '해소' 사이에 엄밀한 상관관계가 존재하리라 추측했습니다. 이런 현상이 생기는 이유는 인지된 위협이 없으면 자신들의 문화를 분리하고자 하는 충동이 극복됨과 동시에, 공통된 인간성을 탐색하는 데 자발적으로 참여하려는 의지가 수반되기 때문입니다.

대개 환영받지 못한다는 느낌과 범죄를 저지르지 않았는데도 갖게 되는 죄책감, 위협받고 있으며 불안정하다는 느낌은 (이민자와 토착민 사이의 가상의 전선 양쪽에서) 분리와 소통 단절을 낳는 상호 불신의 가장 주요하고 강력한 자극제입니다. 그리고 이것은 다문화주의 이론을 '다공동체주의multicommunitarianism'의 현실로 퇴보시키죠. 이 모두가 한 번 일어나고 마는 문제가 아니라

지그문트 바우만, 소비사회와 교육을 말하다

우리가, 특히 교육자들이 장차 긴 시간에 걸쳐 극복해야 할 도전이 되는 이유는 '이방인'의 유입이 중단되기는커녕 둔화될 전망도 없기 때문입니다. 다음 선거에 승리하기 위해 정치인들이 무슨 공약을 걸든 말입니다.

리처드 세넷Richard Sennett은 우리 앞에 놓인 선택 중 하나를 다룬 짧지만 탁월한 연구에서 "비공식적이며 열린 결말의 협력은 차이를 경험하는 최선의 방법"이라 주장합니다.[20] 이 문장의 단어 하나하나가 빠짐없이 중요해요. '비공식informality'이라는 말은 미리 정해진 소통의 규칙이 없음을 의미합니다. 규칙은 신뢰를 바탕으로 하여 나름의 방식대로 발달하니, 어쨌든 소통이 범위, 깊이, 내용의 측면에서 증가하면 규칙도 변하게 되어 있기 때문입니다. 세넷은 '비공식'을 이렇게 설명합니다. "서로 다른 기술 또는 흥미를 가진 사람들끼리의 접촉은 무질서할 때 풍성해지고 규제될 때 빈약해진다." '열린 결말open-ended'이라는 단어는 결말이 어느 일방에 의해 미리 정해지지 않고 (아마도 장기간 이어진) 소통의 맥락을 따라야 함을 의미합니다. "우리는 결말을 모른 채 다른 이가 어떤 사람인지 알고 싶어 한다. 바꿔 말하면 고정된 목표—상품과 정책 목표 같은—로 설정된 효용의 냉혹한 지배를 피하고 싶어 하는 것이다."라고 말하죠. 마지막으로 '협력cooperation'입니다. "협력은 한쪽을 희생해 한쪽만 이득을 얻는 것이 아니라 서로 다른 쌍방 모두가 교환을 통해 이득을 얻는다고 가정하는 것이다." 세넷의 이 말에 한마디를 덧붙이고 싶군요. 이 특별한 게임에서 얻는 것은 오직 함께together ▪ 를 상상할 수 있다는 점입니다. 잃는 것이 있다 해도 마찬가지예요. 우리 모두가 얻거나 모두가 잃거나입니다. 제3의 길은 없습니다Tertium non datur.

세넷은 자신의 권고를 다음과 같이 요약합니다. "경직되어 효용만을 따지는 경쟁이 지배할 때 사무실과 길거리는 비인간적인 장소가 된다. 비공식적이며 열린 결말의 협력 작용을 촉진할 때 이곳들은 비로소 인간적인 장소가 될 것이다."

교육자가 되도록 부름 받고 교육자를 희망하는 우리는 리처드 세넷이 말한 간결하지만 포괄적인 삼위일체의 수칙들로부터 전략을 배울 수 있고, 또 배워야 한다고 생각합니다. 실행하기 위해서는 우리가 먼저 배워야 합니다. 그러나 이것 못지않게 중요한 것은 우리에게서 배우고자 부름 받고 배우기를 희망하는 이들에게 이를 전하는 것입니다.

▪ 2013년 미국 예일대학교 출판부에서 펴낸 리처드 세넷의 책 제목《투게더(Together)》를 인용한 표현이다.

지그문트 바우만, 소비사회와 교육을 말하다

16

라캉의 '자본주의'에서
바우만의 '소비지상주의'로

리카르도 마체오 일반적으로 노동자가 평생 같은 고용주 밑에서 일하며 평생 같은 도시에서 같은 배우자와 살았던 포디즘Fordism의 시대는 유동하는 현대라는 새로운 패러다임으로 바뀌었습니다. 선생님이《리퀴드 러브Liquid Love》를 비롯한 다른 저작들에서 지적하셨다시피 애정 관계와 성적 관계의 영역에도 변화가 생겼죠. 자크 라캉은 1969년 밀라노에서 강연을 하던 중에 '주인 담론'으로부터 '자본주의자 담론'으로의 전환을 이론화했습니다. 전자가 포디즘에 대응한다면, 후자에서 권력의 역학은 파편화되고, 분할되고, 분산되고, 액체화됩니다. 또, 주인과 노예의 변증법이라는 (그러나 나름의 안정성과 충실성을 가졌던) 대립은 시장의 절대적 힘에 굴복합니다. 오늘날 남성과 여성 들은 닻을 내리지 않고 표류하며, 비록 거세된 것이라 해도 일말의 방향 감각을 제시해줄 권위는 존재하지 않습니다. 이런 상황에서 개인들은 혼자 힘으로 발견해야 하는 구제 수단을 찾아 매일매일 스스로를 재창조해야 하는 임무에 직면하죠.

우리 시대의 개인이 누리는 무한한 자유는 윤리적 명령이 전도되었음을 보여줍니다. 더 이상 칸트의 명령처럼 후손들에게 더 나은 미래를 물려주기 위해 쾌락을 지연하라는 요구를 받지 않는 대신, 사드의 명령대로 현재를 즐기라고 선동되죠. 선생님

라캉의 '자본주의'에서 바우만의 '소비지상주의'로

께서는 《고독을 잃어버린 시간 : 유동하는 근대 세계에 띄우는 편지》에서 이런 상황을 아주 훌륭히 설명하고 계십니다.

이런 종류의 '조급함이라는 콤플렉스'는 몇십 년 전 마거릿 대처 전 영국 총리가 영국의 국민건강보험에 관해 했던 매우 인상적인 불평에 잘 요약되어 있다. 대처는 "나는 내가 원하는 의사에게 내가 원하는 시간에 진료 받고 싶다."라고 말하며 자신이 의료 서비스 시장 자유화를 개선이라고 생각하는 이유를 설명했다. 대처의 꿈이 곧이곧대로 이루어지지는 않았지만, 곧 신용카드의 모양을 한 요술봉이 발명되어 최소한 그럴듯하고 믿기 쉬운 꿈이 되었다.[21]

즐기라는 명령은 우리가 전통적으로 알고 있었던 애정 관계를 박살냈습니다. 구애담과 연애담이라는 이름에 어울리는 불확실성과 난관과 위험의 요소들이 신뢰를 잃으며 이제 이것들은 그저 시간 낭비로 여겨집니다. 오늘날에는 셀 수 없을 만큼 많은 구매 가능한 애인들의 명단을 살피다가 온라인으로 섹스를 주문할 수 있죠. (선생님께서 언급하신 웹사이트의 주장에 따르면 무려 250만 번의 서로 다른 기회가 있습니다.)

이제 섹스를 하려면 "피자 주문과 다름없이 …… 당장 온라인에 접속해 생식기를 주문하면 그만이다." 추파를 던지거나 집적거릴 필요는 없으며, 파트너의 허락을 얻기 위해 공을 들일 필요도 없다. 파트너의 동의를 얻을 자격을 갖추고 환심을 사기 위해 애를 쓰거나 이 모든 노력들이 결실을 맺을 때까지 오랜 시간을 무한정 기다릴 필요도 없는 것이다.[22]

어느 정도의 가벼운 성적 접촉에서 모든 우아함이 사라진 이후, 확실히 섹스는 더 슬프고 외로운 기분으로 끝납니다. 마시모 레칼카티가 우리의 아이들에게 점점 더 영향을 미치는 '새로운 징후'로 정의한 것에서 생겨난 심리가 바로 이 끝 모를 공허함이라고 생각합니다. 그의 책《실패를 찬양하며》에서 레칼카티는 이렇게 적고 있습니다.

현대의 유행병은 나르시시즘 및 소비의 신화에 기반을 둔 포스트산업사회에서의 삶과 관련이 있다. 폭식증bulimia과 거식증anorexia은 우리 시대 두 신화의 병리적 표출에 해당한다. 폭식증은 순수한 소비 신화를 드러낸다. 폭식증 환자는 모든 것을 삼키고 씹고 갈아 부순다. 그러나 폭식은 그들의 존재 중심에 놓인 공동空洞을 메울 수 없음을 입증하며 자본주의자 담론의 토대가 되는 기만을 폭로한다. 돈으로 사지 못할 것은 없지만, 단 하나, 사랑만은 예외다. 사랑은 값을 매길 수 없는 선물이지, 시장에 풀려 가장 비싼 값을 부르는 이에게 팔리는 물건이 아니다. 다른 한편으로 거식증은 소비의 논리를 거부한다. …… 거식증 환자는 앙상한 몸의 나르

라캉의 '자본주의'에서 바우만의 '소비지상주의'로

시시즘적 숭배에 빠진다. 이 숭배는 은밀하고 자폐적이고 반사회적이며 돌이킬 수 없는 체중 손실을 가져와 생명을 앗아가기까지 한다. 거식증 환자뿐 아니라 사회화된 신체 전체에 영향을 미치는 왜곡된 자아상의 숭배인 셈이다. …… 이것은 가장 선진화된 산업 국가에서 거짓된 시장 민주주의가 취하는 새로운 역사적 형태다. 주체는 말 그대로 쾌락으로 채워지는 동시에 점점 더 많이 소비하도록 강제되며, 따라서 소비는 잇따른 유사 필요들을 위한 공간을 창출한다. …… 이것이 바로 라캉이 정의한 자본주의자 담론의 간계詐計다. 여기서 우리가 망각하게 되는 것은 인간 존재의 결핍은 바로잡아야 할 결함이 아니라 모든 생명체의 조건이라는 점이다.[23]

여기서 인용한 구절은 선생님의 책《고독을 잃어버린 시간 : 유동하는 근대 세계에 띄우는 편지》의 제2장 '고독을 잃어버린 시간'에서, 페이스북이나 트위터의 또래들과 계속 접속해 있으려는 아이들의 강박이 창조성을 위축시킨다고 정의하신 방식과 유사합니다. "일단 항상 '접속'해 있으면 결코 완전히 혼자가 될 일은 없을 것이다. 혼자가 될 일이 없으면 …… '재미로 책을 읽거나 그림을 그리거나 창밖을 응시하거나 지금 세상과 다른 세상을 상상할 가능성도 적어진다.'"

새로운 징후는 거식증과 폭식증에만 국한되지 않습니다. 약물 중독, 우울증과 공황 발작 역시 포함됩니다. 이러한 유행병에는 인간 주체와 관계 맺기를 회피한다는 공통점이 있습니다. 살아 있는 인간과의 관계는 어렵고 위험 부담이 크며 예측할 수 없죠. 반대로 사물에 대한 애착은 — 그것이 술이든, 헤로인이든, 코카인이든, 디자이너 상품이든, 습격할 냉장고든, 모든 사람과 접속되어 있는 아이폰이든 상관없이 — 평화를 줍니다. 사물은 갖기 쉬운 만큼 내다 버리기도 쉬우니까요.

지그문트 바우만 옳은 말씀입니다! 쟁점들을 잘 설명해주셔서 의문을 제기할 부분이 별로 없군요. 다만 한 가지 덧붙이고 싶은 의견이 있다면, '소비지상주의 담론'이 계속해서 벌이는 전쟁은 ('소비지상주의 담론discourse of consumerism'이라는 용어가 당신이 설명하고 우리가 염려하는 현상을 보다 정확히 묘사한다고 생각합니다. '자본주의 담론discourse of capitalism'은 사회가 생산자 중심이었던 시대에 속한 개념으로 이것과는 상당히 다르죠.) 상점을 거치지 않은 — 또는 상품의 구매와 사용으로 중재되지 않은, 따라서 돌고 도는 화폐를 포함하지 않은 — 인간의 필요, 욕구, 갈망, 야심의 모든 충족과 대립한다는 점입니다. (그리고 정치적 담론은 국내총생산GDP 수치로 사회의 질을 측정하며 이 전쟁을 간접적으로 지원합니다.) 심지어 시장을 거치지 않으면 재미를 추구하는 데도 방해를 받아요. 재미야말로 시장이 아낌없이 공들이고 에너지를 쏟는다고들 말하는 분야죠. 소비자 시장은 재미와 안락과 행복의 추구를 상품화하여 세력을 넓히고 번영과 이득을 얻습니다. 또한 이런 가치들을 추구하면서도 가격표가 붙은 상품에 대한 욕망으로 전환되기를 거부

라캉의 '자본주의'에서 바우만의 '소비지상주의'로

하는 수단들을 비하하고 억누르고 제거하라고 요구합니다.

마케팅 전문가들에게 (기회를 무한히 확장시키기는 것처럼 보이기에) 특히 매력적인 인간 조건의 측면 중 하나는 인간의 필요와 욕구가 지닌 양가성이에요. (당신은 마시모 레칼카티의 폭식증 대 거식증 분석을 인용하며 이 점을 아주 생생히 보여주었습니다. 게걸스레 먹어치우고 싶은 동시에 날씬하고 건강한 몸매를 유지하고 싶은 — 즉, 더 먹어치울 준비를 하고 싶은 — 이 두 필요와 욕구는 똑같이 강렬하기에 양립 불가능합니다. 연회에 참석한 고대 로마 귀족들은 이미 알고 있었던 모순이죠. 고대 로마 작가 페트로니우스Gaius Petronius Arbiter는 깃털로 목구멍을 자극해 먹은 것을 토해내고 위장을 깨끗이 비운 뒤 다시 미각의 기쁨을 누리는 귀족들의 모습을 묘사합니다.) 인간 본성은 이런 종류의 양가성으로 가득하죠. 당장 몇 가지 예를 들어볼까요. 안전 대 자유, 자율 대 소속, 사생활 대 사회적 승인……. 각 대립쌍의 양쪽 가치 모두 필수 불가결하며 중요하지만, 다른 한쪽을 훼손하거나 폄하하지 않고 한쪽만을 강조하기는 매우 어렵습니다. 대립쌍의 한쪽 극단에 가까워질수록 다시 돌아가고 싶은 욕망도 커지죠. 우리는 흔들리고 갈등하며 허우적거립니다. 말하자면 영구운동을 하는 진자처럼 끝없이 왔다 갔다 하며 돌아갈 수 없는, 돌이킬 수 없는 지점까지 가면 어쩌나 두려워하고 있는 거죠. 이 양가성을 잘 이용하는 것이 마케팅 전략의 핵심처럼 보일지도 몰라요. 잠재 고객의 주의를 붙들어 쇼핑으로 유도할 기회를 얻으려면 (영국 속담에서 말하듯) "케이크를 갖는 동시에 먹을 수도 있다."▪

지그문트 바우만, 소비사회와 교육을 말하다

고, 원치 않은 결과에 대한 두려움 없이 즐기게 해주겠다고 약속
해야 하죠. 아니면 '지금 즐기고 지불은 나중에' 하라는 불길한
유혹에서처럼 적어도 걱정거리를 멀찍이 치워주겠다고 제안하
든가요. 그러나 소비지상주의의 잔치와 최근의 신용 붕괴에 조
금이라도 책임을 지려는 사람은 아무도 없습니다.

이 모든 갈등은 개인적 불편의 범위를 훨씬 넘어서까지 영
향을 미칩니다. 가장 중대한 영향의 일부는 사람들 사이의 유
대 — 이것은 당신이 묘사한 애정 관계의 파탄에 국한되지 않습
니다 — 가 약화되고 손상되는 것이죠. 우리는 모두 일상에서 직
접적 관찰을 통해 상품 시장의 유익하고 치료적인 측면을 너무
잘 알고 있습니다. 우리는 가장 사랑하는 가까운 가족 및 친지들
과 충분한 시간을 보내지 못해서, 그들의 고민에 합당한 관심과
공감을 갖고 귀 기울이지 못해서, '항상 곁에 있어'주거나 돕기
위해서, 아니면 그저 슬픔을 나누고 위로하기 위해 당장 하던 일
을 멈추고 달려가지 못해 느끼는 죄책감을 잘 알고 있어요. 바쁜
일상에서 이런 경험은 점점 흔한 일이 되고 있죠. 이런 추세를
단적으로 보여주는 실례 중 하나는, 20년 전 미국 가정의 60퍼센
트가 저녁 식사를 함께했다면 지금은 겨우 20퍼센트가 저녁 식

■ 원래 속담은 "케이크를 갖는 동시에 먹을
수는 없다(You can't have your cake and eat
it)"로, 모순되는 두 가지를 한꺼번에 할 수
없다는 뜻이다.

라캉의 '자본주의'에서 바우만의 '소비지상주의'로

탁에 함께 앉는다는 사실입니다.

우리 대부분은 직장 상사와 동료, 고객과 매일 관계를 맺으며 생기는 걱정들에 짓눌려 있으며, 가는 곳마다 노트북 컴퓨터와 휴대폰에 이 걱정거리들을 짊어지고 다니죠. 집으로, 주말 나들이 장소로, 휴가를 보내는 호텔로요. 우리는 사무실에서 보내는 업무 지시 전화나 문자메시지에서 결코 멀어지지 못하고 항시 대기를 하고 있죠. 사내 통신망에 늘 접속해 있으니 월요일에 당장 제출해야 할 보고서나 기획서를 주말에 완성하지 않은 데 대한 핑계를 대기도 어려워요. 한마디로 '퇴근 시간'이란 없습니다. 한때 집과 사무실, '자유 시간' 또는 '여가 시간'과 업무 시간을 구별했던 신성불가침의 경계가 거의 사라지자마자 삶의 매 순간은 선택의 순간이 되었어요. 이 선택은 매우 무겁고 고통스러우며 보통 매우 중대하기도 합니다. 우리는 경력과 도덕적 의무 사이에서, 우리의 시간과 공감, 돌봄과 도움과 원조를 필요로 하는 사람들의 요구와 업무 사이에서 선택을 강요당하죠.

물론 소비자 시장은 이런 딜레마를 해결해주지 않을 거예요. 딜레마를 완전히 없애버리거나 무효로 만들어주리라는 기대는 더더욱 하기 힘들죠. 그러나 소비자 시장은 양심의 가책에서 오는 고통을 달래고 잠재우기까지 하는 일을 도울 수 있으며, 실제로도 열심히 돕습니다. 바로 시판 중인 값비싸고 흥분되는 선물들을 통해서요. 우리는 상점이나 인터넷을 돌아다니다가 산 선물로 우리의 사랑에 굶주린 사람들에게 미소와 기쁨을 ─ 아주

지그문트 바우만, 소비사회와 교육을 말하다

잠깐이기는 하지만 — 선사합니다. 우리는 이 사람들과 얼굴을 맞대고 손을 맞잡고 있었어야 하지만, 그렇게 하지 못한 모든 시간을 상점에서 공급하는 선물들이 보상해준다고 믿도록 훈련받습니다. 선물이 값비쌀수록 받는 사람도 더 큰 보상을 받으며, 따라서 양심의 가책을 더 말끔히 덜고 달랠 수 있으리라고 주는 사람은 기대하죠.

그럼으로써 쇼핑은 일종의 도덕적 행위가 됩니다. (또는 반대로 도덕적 행위를 하다 보니 상점으로 인도된다고 말할 수도 있죠.) 지갑을 탈탈 털거나 신용카드에서 현금을 인출하는 행위는 타자가 요구하는 도덕적 책임인 자기 포기와 자기희생을 대신합니다. 물론 부작용도 있어요. 소비자 시장은 상업화된 도덕적 진통제를 광고하고 유통하며 사람과 사람 사이의 유대가 쇠퇴하고 시들고 무너지는 것을 예방하기보다 오히려 부추기죠. 이 유대를 무너뜨리는 힘들에 저항하는 데 일조하기보다, 유대가 약화되고 점차 파괴되는 과정에 협력하는 거예요.

신체적 통증이 장기에 문제가 생겼음을 알리고 신속한 응급조치를 촉구하는 신호라면, 도덕적 가책은 사람과 사람 사이의 유대를 위협하는 위험을 알리는, 그리고 시장이 공급하는 도덕적 진정제와 진통제로도 이 위험이 다스려지지 않을 때 더 깊은 반성과 더 적극적이고 적절한 조치를 촉구하는 신호입니다. 타인에게 선을 행하려는 우리 의도는 상업화되어왔습니다. 그렇다 하더라도 소비자 시장은 지금까지 일어난 일들에 주된 책임이 있지 않으며, 유일한 책임이 있는 것은 더더욱 아닙니다. 계획했든 계획하지 않았든, 소비자 시장은 사람 사이의 유대를 무너뜨린 범죄의 방조자입니다. 범행이 일어나기 전과 후, 양쪽의 방조자죠.

생물학적·사회적 생존에 필요한 소비 수준이 그 본성상 안정적이라면, 소비가 제공한다고 약속하고 기대되고 요구되는 그밖의 필요들을 만족시키는 데 필요한 소비 수준은 역시 이러한 필요들의 본성상 위로 상승합니다. 이 추가적 필요들은 안정적 상태를 유지할 때가 아니라 신속히 그리고 가파르게 상승할 때 만족되죠. 도덕적 충동을 만족시키고, 자기 동일시라는 (즉, 자기 상품화라는) 의무를 이행하기 위해 상품 시장에 의지하는 소비자들은 어쩔 수 없이 가치와 수량을 차별화해야 합니다. 그래서 이런 종류의 '소비자 수요'는 소비 수준을 높이는 강력하고 불가항력적인 요인입니다. 타인에 대한 윤리적 책임에 한계가 없는 것처럼, 도덕적 충동을 분출하고 만족시켜야 한다는 임무에 쏟는 소비의 범위에는 어떤 종류의 제약도 없습니다. 아이러니하게도 소비지상주의 경제와 연결된 도덕적 충동 및 윤리적 책임은 인류가 그 생존을 위협할지 모르는 가장 무시무시한 위험과 마주할 때 엄청난 장애물로 재활용돼요. 이 위협에 맞서 싸우기 위해서는 반드시 전례가 없을 만큼의 자발적 자기통제와 기꺼운 자기희생이 필요할 것입니다.

지그문트 바우만, 소비사회와 교육을 말하다

17

지 젝과 모랭,
유일신교에 관하여

리카르도 마체오 지난 11년간 슬라보예 지젝Slavoj Žižek이 발표한 6권의 책과 셀 수 없이 많은 글들을 읽었습니다. 자크 라캉의 영향을 받은 이 철학자의 말이 항상 설득력 있는 것은 아니지만 매우 흥미로운 학자임은 틀림없다고 생각합니다. 제가 선생님의 이름을 처음 접하게 된 계기도 이 독특하고 번뜩이는 철학자의 인용을 통해서였어요. 《런던 북 리뷰London Review of Books》 2011년 8월 19일 자에 실린 그의 글 〈전 세계의 좀도둑들이여, 단결하라Shoplifters of the World Unite〉에는 최근 일어난 폭동들의 의미에 대한 논의가 담겨 있습니다. 이 글은 다음과 같이 매우 적절한 분석에서 출발합니다.

현재 우리가 채무 위기를 겪고 있다는 얘기가 계속 들려온다. 우리 모두 부담을 나누어 져야 하며 허리띠를 졸라매야 한다고. 물론 (최상위) 부유층은 제외된다. 부유층에게 더 많은 세금을 부과한다는 발상은 금기나 다름없는 까닭이다. 만일 그렇게 한다면 투자 의욕을 잃은 부자들 때문에 일자리 창출이 줄어들어 결국 모두가 고통받게 될 것이라는 논리다. 이 불경기의 유일한 자구책은 가난한 자는 더 가난해지고 부자는 더 부자가 되는 길뿐이다. 가난한 자들은 무엇을 해야 하는가? 이들이 할 수 있는 일은 도대체 무엇인가?

지젝과 모랭, 유일신교에 관하여

지젝은 예상대로 캐머런의 입장을 대변한 보수당의 반응과 역시 예상대로 순진한 진보 좌파의 반응이 똑같이 부적절함을 매우 통찰력 있는 시선으로 설명합니다. 마침내 그는 핵심을 찌르죠.

지그문트 바우만은 최근의 폭동들을 "결함 때문에 부적격이 된 소비자들"의 행위로 특징짓는다. 이 행위는 무엇보다 '올바른' 방식, 즉 쇼핑으로 스스로를 실현하기가 불가능해졌을 때 폭력적으로 실행되는 소비지상주의적 욕망의 발현인 것이다. 이럴 때 폭동은 진정한 저항의 순간을 포함하며 이는 다음과 같이 소비지상주의 이데올로기에 대한 역설적 반응의 형태로 나타난다. "우리는 소비하도록 요청받는 동시에 올바르게 소비할 수단을 박탈당했다. 그러므로 이제부터 우리에게 주어진 유일한 방법으로 소비할 것이다!" 폭동은 이데올로기가 가진 물질적 힘의 과시며, '포스트 이데올로기 사회'에서도 어느 정도는 그러할 것이다. 혁명의 관점에서 보자면 최근 폭동의 문제는 폭력 그 자체가 아니라 폭력이 진정으로 자기주장적이지 않다는 사실에 있다. 이 폭력은 힘의 과시로 가장한 무력한 절망과 분노며, 승리의 카니발로 가장한 부러움인 것이다.

지젝은 또 스페인어로 '분노한 사람들'을 뜻하는 '인디그나도스indignados'가 "사회 정치적 변혁을 가져올 구체적 프로그램을 갖지 못한 이들이며, 혁명 없이 저항 정신만을 드러냈다."라는 선생님의 말씀에 동의합니다.

지젝이 폭동을 '행위로의 이행'▪이라 정의한 부분과, 종교 역시 '절대적 의미'를 제공하는 테러리즘의 원인 중 하나라는 주장에 동의하지 않습니다. 저는 불가지론자지만 우리가 살고 있는 냉소적 시대는 어떤 초월성, 어떤 종교적 감각에서 도움을 얻을 부분이 존재한다고 믿기 때문입니다. 이때의 종교는 반드시 광신을 포함하지는 않으며 엄밀한 의미의 '종교'가 아니어도 좋습니다. 여기에 관해 에드가 모랭은 이렇게 말합니다.

핵심은 믿음과 불확실성 사이에서 대화를 나누는 것이다. 나는 어떤 교리도 믿지 않으므로 지금 말하는 것은 종교적 믿음이 아니라 가치에 관한 믿음, 사람들 간의 관계가 개선될 가능성이 있다는 믿음, 즉 우애의 가치에 대한 믿음이다. 이런 종류의 믿음이 과

▪ 슬라보예 지젝은 《폭력이란 무엇인가(Violence: Six Sideways Reflections)》(2008)에서 2005년 프랑스 파리 북부 도시 외곽 지역에서 일어난 이민자들의 대규모 폭동을 '행위로의 이행(passage à l'acte)'이라 불렀다. 본래 정신분석 용어인 이것은 말이나 사유로 표현할 수 없는 극도의 좌절감과 무력감이 충동적 행동으로 표출되는 것을 일컫는다.

지젝과 모랭, 유일신교에 관하여

학적으로 증명될 수 없다고 생각하는 이유는 이런 노력이 성공하리라 아무도 장담할 수 없기 때문이다. …… 위대한 미슐레Jules Michelet가 묘사한 고래의 짝짓기를 예로 들어보기로 하겠다. 미슐레는 암컷과 수컷 고래가 짝짓는 장면을 상상한다. 둘은 동시에 수직으로 솟구쳐 올라 아주 찰나의 순간 수컷 고래의 생식기가 암컷 고래의 생식기와 만나게 해야 한다. 고래들은 무수히 많은 시도와 실패를 거친 끝에 마침내 가까스로 교미에 성공할 것이다.

이런 비유를 선택한 이유는 윤리와 사회적·정치적 삶의 영역에서 우리도 마찬가지 방식으로 행동해야 한다고 느끼기 때문이다. 우리는 마침내 어떤 결과를 얻기 위해 수없이 노력하며 헛된 정액을 쏟아야 한다. 당연하게 보장된 결과가 없다 해도, 마치 고래처럼 윤리적 차원에서 끝없이 노력해야 하는 것이다.[24]

지그문트 바우만 질문을 명확히 해보죠. 다신교도 역시 매우 종교적인 사람일 수 있습니다. 고대 로마인들의 판테온은 온갖 신들로 넘쳐났고 신들의 숫자는 로마 제국의 영토가 확장되어 속주들이 하나씩 늘어나면서 해를 거듭할수록 증가했죠. 인용한 글에서 지젝과 모랭이 암묵적으로 가정하고 있는 것은 이들의 독자 전부 또는 대다수의 가정과 마찬가지로 종교의 유일신적 성격이지, 종교 그 자체가 아닙니다. 즉 여기서 종교는 모두 예루살렘에 기원을 둔 3대 '세계 종교'의 독특한 태도를 뜻해요. 이 세 종교가 '합의에 도달'하려면 믿음에 대한 포기와 배신이 필요할 겁니

지그문트 바우만, 소비사회와 교육을 말하다

다. 이들이 믿는 믿음은 유일신이라는 가정 위에 성립되었기 때문이죠. 이런 가정을 고려하면 미슐레와 모랭이 말하는 고래의 교미에 관한 알레고리가 설명됩니다. 특히 종교적 불가지론자들이 종교를 가진 타인의 행위를 이해하고 납득하려 할 때 도움이 되죠. 그러나 합의 당사자들이 각자의 신들에게 계속 충실하면서도 모종의 합의에 도달하는 방법을 상상해볼 수도 있어요. 종교적 믿음의 차이를 받아들인다고 해서 평화롭고 상호 호혜적으로 공존하려는 선의가 방해받지는 않으니까요. 런던의 슈퍼마켓을 약탈하는 데는 이 세 유일신교의 교파들이 모두 참여했으나 서로의 목을 베거나 전리품을 놓고 싸우는 일은 벌어지지 않았습니다. 각자 믿는 유일신교가 있음에도 '유일한 사안'을 놓고 서로 협력해 엄청나게 다양한 행동을 한 것이죠. 이러한 경험이 더 고결하고 칭찬받을 만한 명분으로 확장되는 일은 정녕 불가능할까요?

나는 여기서 세넷의 "비공식적이며 열린 결말의 협력"을 다시 한 번 상기시키고 싶습니다. 세넷의 모델은 충분히 현실적인 협력적 소통의 모델이며 추정이나 본말의 전도 없이 — 즉 토론을 하기도 전에 최종 결의를 이끌어내는 일 없이 — 참여할 수 있어요. 어찌됐든 교미를 갈망하는 고래의 지극히 굴곡 많고 위험한 운명은 서로에게 말을 거는 행위와도, 서로에게 총을 겨누는 행위와도 비교될 수 있어요. 양쪽의 입장 모두 엄청난 노력을 요구하며, 성공을 보장하지 않는다는 점에서 똑같죠. 그러니 각각의 행위가 가진 가치는 그 일의 고됨과 성공하기 어려운 정도가 아니라 별도의 판단 기준으로 측정되어야 합니다.

사족을 붙이자면 인디그나도스의 운동이 (영국 폭동과 같은) 몇몇 사례에서 정말로 '혁명 없는 저항'이 되기는 하지만, 전체적으로는 '직접적'이고 '무매개적'인 권리 옹호 현상으로서 '혁명가 없는 혁명'으로 진화하는 듯합니다. 이를테면 이들은 현재의 상태를 '곧이곧대로' 받아들이며, 그것이 고무하고 공식적으로 지지하는 야심으로 충만해 현상과 마주합니다. 지나치게 충만해 지탱할 수 있는 한계를 벗어날 때까지요. 그 결과 비록 이들 안에 혁명가가 단 한 명도 없다 해도 이들의 요구는 진정한 혁명적 결과를 가져오게 되어 있습니다. 현 상태에 대한 믿음을 부수고 그 무능함을 까발림으로써 붕괴를 앞당기도록 말입니다.

18

프루스트의 마들렌과
소비지상주의

리카르도 마체오 2011년 9월 2일 이탈리아 사르차나에서 열리는 지성의 축제인 페스티발 델라 멘테Festival della Mente에 선생님의 강연을 듣기 위해 갔습니다. 선생님의 강연을 듣는 것은 항상 흥분되는 일인데요. 청중들도 같은 기분을 느꼈음이 틀림없습니다. 강연 중에 수차례나 박수가 쏟아졌고 마지막에는 모든 것을 해방시키고 씻어 내리는 거센 폭풍우와 같은 박수갈채가 터졌으니까요.

이번 강연을 통해 저는 삶의 방식이 크게 바뀌었음을 실감했습니다. 선생님은 소셜 네트워크가 가져온 거대한 혁신에 관해 이야기하셨죠. 이것이 그리스도의 '오병이어의 기적'처럼, 몹시 희귀하고 어려웠던 것을 갑자기 넘치다 못해 무제한에 가깝게 만들었다고요. 이 새로운 사회 환경에서 개인들 무리는 가족과 둘러앉아 저녁을 먹는 식탁을 떠나 새로 나온 기계 장치와 유명 디자이너가 만든 옷, 그리고 고독에 열광합니다. 이러한 개인 무리는 이제 페이스북에서 '친구'를 맺는 법까지 발견했죠.

선생님은 진짜 인간관계와 상관없이 무익하게 확산되는 이 접촉들을 무조건 매도하지는 않았습니다. 대신 '나는 예언자가 아니며, 구성원에게 헌신과 전념을 요구하는 공동체, 불명예스럽고 수치스러운 낙인이 찍히지 않고는 떠날 수 없는 옛 방식의

프루스트의 마들렌과 소비지상주의

공동체 안에서의 삶과, 그저 적절히 삭제 버튼을 누르기만 하면 중단할 수 있는 사회적 상호 관계의 새로운 양상 안에서의 삶, 어느 쪽이 더 나은지 결정하는 일은 우리 자신에게 달렸다'고 말씀하셨죠. 이런 소크라테스식 대화법은 선생님이 늘 쓰시던 방법입니다. 하지만 섣불리 판단하지 않는 모습, 선생님의 글을 읽고 강연을 듣는 모든 이들을 배려하는 모습은 강연장을 뜨겁게 달구었습니다. 강연 마지막에는 거의 홀린 듯한 박수가 우레처럼 터져 나왔는데요. 그 소리는 우리에게 이 교착 상태를 벗어나 시시포스의 운명을 멈추고 무분별한 소비 논리를 종식시켜 더 큰 소비와 낭비를 막을 것을 촉구하는 듯했습니다. 예를 들어 우리가 맞서 싸워야 할 대상은 마케팅 전문가들입니다. 신문에서 이들이 인공 향까지 개발해 설득 전략으로 써먹는다는 기사를 읽었어요(《라스탐파La Stampa》 2011년 9월 5일 자). 이들이 개발한 인공 향 중에는 유년 시절 먹었던 소박하지만 먹음직스러운 음식의 냄새를 풍기는 것도 있습니다.

브루클린의 슈퍼마켓 체인점 넷코스트는 이런 향기를 내뿜는 기술 덕분에 지난 3개월간 5퍼센트의 판매 증가를 기록했다고 합니다. 그러나 가장 인상적인 성공 사례는 판매율이 80퍼센트나 껑충 뛴 스포츠 브랜드 나이키의 사례겠죠. 심리 치료사이자 《보다, 만지다, 살다》의 저자인 클라우디오 리세[25]는 다른 모든 마케팅 기법에 무감각해진 소비자들을 움직이는 최후의 수단은 감각을 자극하는 것이라고 말하며, 《소비자 사회에 윤리가 설

자리는 어디인가?》에서 선생님이 언급하신 '늘 새로운 사냥터'라는 표현을 인용합니다. 만일 프루스트의 **프티 마들렌**▪마저 우리의 개인 정체성을 어리석고 속기 쉬운 소비자로 강화하는 최후의 수단으로 착취될 뿐이라면, 우리 사회에 다른 가치들이 설 자리는 정말 존재할까요?

지그문트 바우만 즐거움과 안락함, 편리함, 수고를 덜어주는 일은 ─ 만족의 즉시성, 꿈의 현실화, 무거운 현실을 연성화하여 꿈의 세계로(환영으로, 공상의 산물로) 추방하기와 더불어 ─ 탐욕에서 동력을 얻고 쇼핑을 통해 작동하는 경제가 내건 약속이자 내기이며 전략입니다. 페이스북의 '친구 맺기'와 '친구 끊기'는 보편적으로 적용되는 전략의 한 예시일 뿐이에요. 잘 설명해주셨다시피, 이 경제가 최근 내놓은 것이 바로 유년 시절의 달콤한 추억들을 언제든지 (물론 상점에서) 구매할 수 있게 만들어준다는 약속입니다. 더 이상 수고롭게 '잃어버린 시간을 찾을' 필요가 없

▪ 프랑스 소설가 마르셀 프루스트(Marcel Proust, 1871~1922)의 필생의 역작이며 20세기를 대표하는 소설인 《잃어버린 시간을 찾아서(À la recherche du temps perdu)에서 주인공은 우연히 유년 시절 즐겨 먹던 보리수꽃 달인 물에 적신 프티 마들렌 조각을 맛보다가 잃어버렸다고 생각한 유년 시절의 기억이 떠오르는 경험을 하게 된다.

프루스트의 마들렌과 소비지상주의

어요. 사실은 이제는 더 이상 잃어버린 시간도 없으며, 프루스트 같은 천재가 그것을 찾아 부활시켜 복원할 필요도 없습니다. 고맙게도 신용카드 한 장이면 충분할 테니까요!

인위적으로 만들어진 우리의 소비자들은 잘 속는 사람들일까요? 그럴 가능성이 높습니다. 그러나 어리석을까요? 반드시 그렇지는 않습니다. 정상적인 사람이라면 누구나 힘든 일보다 쉬운 일을 더 좋아할 테니까요. 소비지상주의의 약속은 수백 년에 걸친 열망이 그 정점에 달했을 때 우리를 찾아왔습니다. 기만적이고 허위로 가득 찬 거짓 약속일지 모르지만, 매력적이면서도 인간의 '타고난 성향'과도 분명 일치하는 데가 있어요. (프로이트Sigmund Freud는 강제가 필요한 주된 이유 중 하나는 인간이 선천적으로 태만하기 때문이라고 꼬집어 말했습니다. 강제가 금지될 때 마케팅의 달인들은 강제를 유혹으로 대체하죠.) 소비지상주의는 우리를 유혹해 행동하게끔 자극합니다. 더 정확히 말해, 강제의 주된 목적이 틀에 박힌 일상과 규율을 이끌어내는 것이라면, 유혹의 목적은 태만하지 않고 이윤 창출에 이바지하는 활동을 하도록 유도하는 것이죠. 소비지상주의의 유혹에 굴복한 결과 우리는 자발적 노예가 됩니다. 최신 표현을 빌리자면 스스로 선택하고 적극적으로 실행하는 것을 전제로 한 '자기주도적pro-active' 노예화라고 할까요. 이것은 아마 유혹의 덫에 저항하기가 이토록 어렵고 덫을 해체하기는 더더욱 어려운 이유일 것입니다. 마침내 소비적 삶은 자율성과 진정성과 자기주장 ─ 주권 주체에 필수 불가결한 속성(사실은 속성이라기보다 양상이지만)인 — 을 최대한으로 표현한 삶이라 여겨집니다. 당신이 호소하는 헌신과 전념과 책임을 비롯해 다른 인간적 관심사에 쏟았어야 할 삶의 에너지들은 이런 소비지향적 성향 때문에 몽땅 소모되거나, 최소한 크게 고갈되죠.

19

떌감, 불씨, 불

리카르도 마쎄오 지난 주였던 9월 10일 토요일, 아내와 딸과 함께 로베레토에 가서 사이클 경주 대회 '지로 디 파다니아' 개최에 반대하는 시위에 참가했습니다.▪ 거리와 광장을 점거한 군중 틈에 섞여본 게 무척 오랜만이었지만, 아내와 딸이 이미 참가하기로 되어 있어서 두 사람만 보낼 수가 없었죠. 또 이른바 '파다니아'가 이탈리아의 가장 특별하고 남다르고 더 좋은 지역으로 인식되길 바라는 인종차별적 정당 '북부동맹'에 맞서야 한다는 데 전적으로 동의하기도 했으니까요. 주로 젊을 때 하는 이런 경험에 더 이상 익숙하지가 않아서, 한편으로는《군중과 권력Mass und Macht》에서 군중에 대해 엘리아스 카네티Elias Canetti가 했던 말을

▪ 2011년 9월 '지로 디 파다니아(Giro di Padania)'라는 이름의 국제 사이클 대회가 이탈리아 북부 포 강 계곡 지역에서 최초로 개최되었다. 그러나 이 대회를 주관한 단체가 이탈리아의 대표적인 극우 정당 '북부동맹(Lega Nord)'이었고, '파다니아'라는 지역 명칭 역시 이들이 1990년대 초 이탈리아 북부의 분리를 주장하며 사용하기 시작한 명칭이었기에 곳곳에서 대회 개최에 반대하는 시위가 벌어졌다.

땔감, 불씨, 불

기억하려 애쓰며, 한편으로는 마치 곤충학자가 된 듯한 기분을 느꼈습니다. 제 어린 딸은 제가 무채색 옷에 선글라스를 쓰고 옆구리에 신문을 끼고 있는 모습이 비밀 요원처럼 보인다고 하더군요. 시위 진압 경찰과 대치한 시위대의 면면은 젊고 공격적인 극좌파, 단호하지만 온건한 '파르티잔(반파시스트)' 연합, 일부 공산주의자들, 다채로운 '마치니언(죽음에서 부활한 마치니▪를 추종하는 이들이지요.)'들에 이르기까지 몹시 다양했습니다. 3시간 후 경찰과 가벼운 몸싸움이 일어나 시위대 맨 앞줄에 곤봉 세례가 쏟아졌지만, 결국 사이클 대회 경로는 바뀌었고 우리는 그 결과에 만족했죠.

선생님께 이런 사소한 이야기를 들려드리는 이유는 최근 곳곳에서 광장 점거가 일어나고 있기 때문입니다. 세계 각지에서 일어나는 이런 '봄'들에 대해 어떻게 생각하십니까?

지그문트 바우만 "아랍의 봄은 아랍 세계 전역에서 독재에 항거하는 대중 반란에 불을 댕겼다. '이스라엘의 여름'에는 25만 명의 이스라엘인들이 거리로 뛰쳐나와 주택 부족과 족벌 자본주의자들의 독점 지배에 항거했다. 아테네에서 바르셀로나까지 유럽 도

▪ 주세페 마치니(Giuseppe Mazzini, 1805~1872): 이탈리아의 정치지도자로, 민족주의 운동과 공화주의에 입각한 이탈리아 통일 운동을 벌였다.

시의 광장들은 실업과 심각한 소득 격차로 인한 불평등에 격분한 젊은이들에게 점령되고 있다." 토머스 프리드먼은《뉴욕 타임스》에 이렇게 기고했죠.[26]

사람들은 거리와 광장을 점령하고 있습니다. 그 시작은 1989년 프라하의 바츨라프 광장까지 거슬러 올라가며 이러한 현상은 곧 구 소련 국가들의 수도로 차례차례 옮아가죠. 그다음 우크라이나 오렌지 혁명의 중심지로 유명한 키예프 독립 광장이 등장합니다. 이 모든 장소들은 물론이고 다른 장소들에서도 새로운 관례가 시험되기 시작했어요. 가두시위를 하거나 집결지에서 목적지까지 시위행진을 하는 대신 요구가 관철될 때까지 특정 장소를 점거하거나 포위를 풀지 않는 모습들이 보이기 시작한 거죠.

이 새로운 방식은 여러 시도와 시험을 거쳐 최근에는 하나의 규범이 되었습니다. 이제 사람들은 원하는 것을 달성하거나 인정받을 때까지 오랫동안 한곳에 머물겠다는 의도를 분명히 가지고 광장에 나서죠. 함께 들고 나오는 텐트와 침낭이 이들의 결심을 보여줍니다. 왔다 갔다 하는 사람들도 있지만 그 주기는 매일 낮, 매일 밤, 또는 일주일에 한 번처럼 정기적이에요. 일단 광장에 나온 후엔 뭘 할까요? 연설을 듣고 박수를 치거나 야유를 하고, 피켓이나 플래카드를 들고 다니며 외치거나 노래를 부르죠. 이들은 무언가 바뀌기를 원해요. 그 '무언가'는 경우에 따라 다르며, 그것이 주변 모두에게 같은 의미를 갖는지는 그 누구도 확신하지 못하죠. 대부분 그 의미는 결코 수정같이 투명하지 않

땔감, 불씨, 불

습니다. 그러나 그 '무언가'가 무엇이든, 이들은 이미 일어나고 있는 변화를 만끽하죠. 밤낮으로 로스차일드 대로나 타흐리르 광장에 머물며 같은 파장의 감정을 느끼는 것이 분명한 군중들에 둘러싸이는 경험, 이것이 바로 실제로 일어나고 있으며 많은 이들이 즐기고 있는 변화예요. 페이스북과 트위터에서 말로 연습한 것을 마침내 몸으로 체험하고 있는 셈이죠. 웹에서 연습했을 때 그토록 매력적이었던 특성들, 즉 미래를 저당 잡히지 않고도 현재를, 의무 없는 권리를 즐기게 했던 힘을 고스란히 간직한 채 말입니다.

'함께 있음'에 숨 막힐 만큼 도취되는 경험은 아마 '연대'의 경험일지도 몰라요. 이미 일어나고 있는 이 변화는 각자가 더 이상 혼자가 아님을 의미합니다. 혼자가 아니기 위해 그리 큰 노력이 필요하지도 않습니다. '고독solitary'이라는 끔찍한 단어에 't' 대신 'd'를 집어넣어 '연대solidary'라는 단어로 바꿀 정도의 노력에 지나지 않죠. 요구하는 대로 즉시 연대가 가능하며 요구가 지속되는 한 연대도 지속됩니다. (요구가 없으면 단 1분도 지속되지 않죠.) 이들은 선택된 명분을 공유하기 위해 연대한다기보다 명분을 갖기 위해 연대합니다. 나와 당신과 나머지 우리(광장에 나와 있는 '우리')는 목적을 갖게 되고, 인생은 의미를 갖게 되죠.

거리로 나온 사람이 모두 광장에 머무는 것은 아닙니다. '광장에 있는 우리 모두'의 경험은 순례보다는 과열된 프라이팬에서 튀는 불꽃과 더 비슷할지 모릅니다. 이 불꽃은 런던, 버밍엄,

맨체스터, 브리스틀에서 잠시 타오르다 말았죠. 2011년 영국에서 일어난 폭동에 명분이라는 구실은 없었습니다. 연대할 시간도, 의미에 대한 열망도 없었죠. 재미면 모든 것이 족하고, 그저 그거면 충분합니다. 재미는 현장에서 소비됩니다. 당장 실현되는 즉각적인 만족, 어딘가 소비생활과 비슷하지 않나요? 런던에서 인근을 약탈한 10대 네 명은《스카이 뉴스》와의 인터뷰에서 자신들의 행위가 '물 쓰듯 쇼핑'하는 것과 비슷했다고 말했습니다.[27] 이들은 정말로 물 쓰듯 쇼핑을 했죠. 다른 쇼핑과 유일한 차이가 있다면 그들에겐 현금과 신용카드가 없었다는 점입니다. 영국 폭동은 이 두 가지가 없는 사람들에게 쇼핑할 길을 열어준 셈이에요.

엘리아스 카네티에 따르면 ('움직이는' 군중과 '정지한' 군중 모두를 포함해) 군중에 대한 최상의 은유 중 하나는 '불'입니다. 그도 그럴 것이 불은 소유의 아늑함과 같이 주위를 덥히지만, 때로는 너무 뜨겁고 예고도 없이 확 타오르며, 통제를 벗어나 모든 것을 불태워버리니까요. 군중이 흔히 그러하듯 말이죠. 불을 계속 타오르게 하기 위해 집어넣는 땔감은 저마다 성질이 다릅니다. 땔감은 가연성이지만 불을 붙였을 때 어떤 것은 은근히 타오르며 은은히 빛나는 반면, 어떤 것은 불씨만 튀어도 폭발해버리고 말죠.

불의 은유에서 다시 이것이 상징하는 것으로 돌아가 봅시다. 군중은 거리를 지나 도시의 광장으로 흘러들어 갑니다. 어떤 군중은 폭발할 준비가 되어 있고, 어떤 군중은 은근히, 하지만 오

땔감, 불씨, 불

래 타오르기에 적합하죠. 공통점은 양쪽 다 불을 붙여줄 불씨가 있어야 한다는 점입니다. 하지만 일단 점화되고 난 후 일어나는 일의 성격은 ― 다양한 종류의 불씨가 그만큼 다양한 종류의 군중을 끌어당길 수는 있겠지만 ― 불씨가 아닌 가연물의 성질로 결정되죠. 휴대할 수 있는 매스커뮤니케이션 기기들의 등장으로 불씨는 계속해서 날아가겠지만, 아무리 스마트한 전자기기도 사회적 폭발의 범위와 성격을 결정짓지는 못합니다. 그러나 (대개 노골적이고 비인간적인 사회불평등의 만연과 소비자 사회에서 부적격이 된 소비자들의 대량생산으로 생겨난) 폭발물의 대량생산과 축적에 책임이 있는 사람들은 이 사실을 거의 이해하지 못하거나 이해할 마음조차 없어요. 상점들이 불타고 약탈당하는 것을 막기 위해 소셜 웹사이트를 차단하자는 데이비드 캐머런의 발상을 들어보면, 이 정치인들이 돌봐야 할 책임이 있는 이 사회를 움직이고 인도하는 힘이 무엇인지를 알 수 있습니다.

프리드먼은 이렇게 말합니다. "이 폭발들에는 복합적이고 다양한 이유가 있지만, '우리는 다가갈 수 있는 미래를 위해 싸우고 있다'는 이스라엘 중산층의 시위 구호에서 하나의 공통점이 발견된다. 전 세계의 중산층과 중하류층 다수는 지금 '미래'가 그들의 손아귀에서 벗어났다고 느끼며, 이런 사실을 정치 지도자들에게 알리려 하고 있다." 프리드먼은 자신의 진단과 권고를 다음과 같이 요약합니다.

지그문트 바우만, 소비사회와 교육을 말하다

중산층은 대출의 용이성, 일상적 업무, 공무원직의 기회, 복지에 대한 권리 등을 점점 빼앗기고 있다. 지금은 괜찮은 직장을 얻고 유지하는 데 더 많은 기술이 필요하며, 시민들이 권력에 맞서 스스로를 조직화하고 저항과 도전을 하기 위해 미디어를 더 많이 접하는 시대다. 이와 같이 세계화와 IT가 결합하며 세계적 기술을 가진 사람들(또는 시스템으로 게임을 하는 법과 자본과 독점을 이용하는 법, 또는 권력자들과 친분을 쌓아 정부 계약을 따내는 법을 배운 사람들)과의 임금 격차는 엄청나게 벌어진다. 지금은 이렇게 벌어진 소득격차가 분노에 한층 더 기름을 붓고 있는 시대인 것이다.[28]

그의 말이 맞을지도 모릅니다.

우리가 알던 세계, 또는 알고 있다고 생각했던 세계는 어긋나고 있음이 분명합니다. 변화의 과정은 날마다 가속화되는 동시에 그 간격도 점점 짧아지고 있죠. 낡은 확실성은 사라졌습니다. 낡은 해결책은 더 이상 작동하지 않아요. 믿을 수 있었던 낡은 제도판은 사용되지 않고 버려져 있거나, 몽유병자의 가수면 상태에서처럼 낡은 청사진의 복사본을 끝도 없이 만들어내죠. 희망은 광장에 세워진 텐트 안에서만 은신처를 찾는 듯 보입니다.

의미를 찾으려는 '소음과 분노'로 가득한 이 텐트 안에서 말입니다.

20

성숙기에 이른
글로컬라이제이션

리카르도 마체오 이제 마지막 대화입니다. 오늘은 2011년 9월 19일이며, 선생님과 사흘 전 이탈리아 모데나에서 만나 이 인터뷰에 관한 이야기를 나누었죠. 그 직후 선생님께서는 사수올로에서 '자연에 무슨 일이 일어났는가?'라는 제목으로, 그리고 포르데노네에서는 '우리는 모두 이주자가 아닌가?'라는 제목으로 두 차례 강연을 하셨습니다. 저로서는 최근 몇 개월처럼 선생님을 자주 뵌 적이 없었어요. 두 차례에 걸쳐 선생님의 강연을 들으며 더 얘기해보고 싶은 개념들이 정말 많았지만, 선생님께 드리는 마지막 질문인 이 지면에 어울리지 않는 것이 아닐까 염려됩니다. 그래서 두세 가지에만 초점을 맞춰보았습니다. 먼저 선생님께서 말씀하신 대로 가족 관계에 스며든 죄책감에 대해 말해보고 싶습니다. 우리가 경력을 쌓느라 배우자와 자녀를 등한시하는 사이 마케팅 전문가들은 보상의 형태로 (최신 휴대전화, 아이폰에서 디자이너 구두나 가방에 이르기까지) 항상 무언가를 구매하도록 유도함으로써 죄책감을 자본화합니다. 우리는 드디어 사랑하는 가족들을 보러가는 날 가져갈 선물을 사느라 많은 돈을 쓰죠. 그 결과 가족들과 보내는 시간은 더 줄어듭니다. 더 비싼 선물을 사려면 더 열심히 일해서 더 많은 돈을 벌어야 하거든요. 이런 악순환을 극복하는 가장 쉬운 방법은 물건을 사주는 대신 곁에서

성숙기에 이른 글로컬라이제이션

관심과 보살핌을 쏟는 것입니다. 선생님께서 지적하신 대로 오늘날 프로이트가 살아 있었다면《문명 속의 불만Das Unbehagen in der Kultur》을 다시 써야 했을 겁니다. 우리 문화는 이제 쾌락을 억압하거나 지연하는 대신 소비자 사회에서 제공하는 모든 쾌락과 재화를 마음껏 누리라고 촉구하니까요.

뛰어난 이탈리아 지식인 마르코 벨폴리티는 자신의 책《수치를 모르는Senza vergona》에서 '도덕과 관계없는 수치amoral shame'라는 개념을 소개하며 알랭 에렌베르Alain Ehrenberg를 언급합니다. 선생님께서도《고독을 잃어버린 시간 : 유동하는 근대 세계에 띄우는 편지》에서 언급하신 내용이기도 하죠.

포스트모던 사회에서 개인 정체성은 점점 불확실해지며 자아상은 지속적으로 굴욕을 겪는다. 그리하여 알랭 에렌베르가 "자기 자신으로 존재해야 하는 부담"이라 부른 문제가 야기된다. 우리는 복종과 규율에 기초한 사회에서, 비인습적인 것에 가치를 두고 모든 차원에서 모든 것이 가능하다는 믿음을 부추기는 사회로 이행했다. 가부장 사회의 상징인 오이디푸스와 부르주아의 전형적인 죄책감은 예컨대 거울에 홀린 나르키소스와 허영으로 대체된다. 나르키소스는 자유를 가져오지만, 그 자유와 더불어 공허감과 무력감 역시 커진다.[29]

둘째로, 대단히 흥미로운 선생님의 책《포위된 사회Society

under Siege》에서 분석하신 칸트의 텍스트 〈세계 시민적 관점에서 본 보편사의 이념Idee zu einer allgemeinen Geschichte in weltbürgerlicher Absicht〉(1784)에 관해 이야기를 나눠보고 싶습니다. 칸트는 우리가 살고 있는 세계는 구球이므로 "이 사실을 무효화하지 않는 한 일정 거리는 무한대로 늘어날 수 없다."라고 말합니다. 우리가 살고 있는 지구 표면은 '무한한 확산'을 허용하지 않습니다. 마지막에 우리는 그저 달리 갈 곳이 없기에 모두 이웃이 되고 말 것입니다. 그러니 결국엔 서로를 참고 견디며 공존해야 합니다.

저는 그 순간이 찾아왔다고 믿습니다. 오늘날 세계적인 것은 지역적인 것에 가까우며 그 반대도 마찬가지입니다. 예를 들어 영국 록그룹 롤링 스톤스의 리드보컬 믹 재거Mick Jagger는 최근 여러 뮤지션들과 슈퍼그룹을 결성했습니다. 유리스믹스의 데이브 스튜어트Dave Stewart, 젊은 소울 가수 조스 스톤Joss Stone, 레게의 황제 데미안 말리Damian Marley, 아카데미 상 수상자인 인도의 영화음악가 A. R. 라만A. R. Rahman이 그들인데요. 이들의 첫 뮤직비디오에는, 보통의 뮤직비디오가 그렇듯 세트와 의상과 머리 모양이 정신없이 바뀌거나, 잘 빠진 몸매에 노출 심한 옷을 입은 남녀 댄서들이 줄줄이 등장하지 않아 좋았습니다. 뮤직비디오에는 그저 다양한 목소리와 인종과 생김새로 함께 노래하면서도 각자 자신의 독특함과 음악 스타일을 잃지 않는 뮤지션들이 출연할 뿐입니다. 이 뮤직비디오가 단순히 성공한 마케팅 전략의 산물일지도 모르겠습니다만, 이걸 보면서 우리의 첫 대화에

성숙기에 이른 글로컬라이제이션

서 선생님께서 하신 말씀이 떠올랐습니다. 창문 밖으로 하교하는 아이들 모습을 지켜보곤 하시는데, 40년 전의 아이들이 같은 피부색끼리 어울려 다녔다면 요즘 그런 모습은 보기 힘들다고 하셨던 말씀이요.

지그문트 바우만 사회 창안, 또는 (새로운 가능성을 창안하고 재발견해, 통치자와 통치의 규칙을 만들기도 하고 폐기하기도 했던 고대 아고라를 도시 광장에 부활시킨 사례와 같은) 재창안이 '산불처럼' 퍼지는 경향이 있다고 말하고 싶은 사람이 있을지 모릅니다. 세계화로 인해 이 유서 깊은 은유가 틀렸다는 사실이 입증되지 않았다면 그렇게 말할 수도 있었겠죠. 그러나 산불이 퍼지면서spreading 나아간다면, 오늘날의 사회 창안은 도약하며leaping 전진합니다.

좀 더 풀어서 설명하기 위해, 최근에 일어났지만 벌써 반쯤 잊힌 아랍의 봄에서 비교적 덜 알려진 측면을 환기해보려 합니다.

아랍의 봄으로부터 배울 수 있고, 또 배워야 하는 사실은 지리적 거리는 더 이상 중요하지 않다는 점입니다. 거리는 더 이상 장애물이 아니며 거리의 길고 짧음은 더 이상 확률분포를 결정하지 않습니다. 인접한 정도나 물리적 근접성도 마찬가지죠. 사실은 원인과 결과의 근접을 말하는 것이기는 하지만, 어쨌든 높은 근접성을 암시했던 '도미노 효과'라는 은유가 상당히, 아마도 거의 정확성을 잃은 이유입니다. 자극은 원인과 따로 떨어져 이동합니다. 원인은 지역적일 수 있지만 그것이 주는 자극은 세계

곳곳에 미치죠. 원인은 세계적일 수 있지만 그 영향은 지역적으로 형성되며 지역을 겨냥해요. 월드와이드웹 속에 얽힌 모방의 패턴은 역외 공간의 곳곳을 거의 닥치는 대로 날아다닙니다. 계획된 비행 일정은 없으며 장벽이나 검문소를 거치는 일도 거의 없어요. 그러나 착륙하는 곳은 언제나 지역의 활주로 위죠. 어떤 활주로에 착륙하게 될지, 셀 수 없이 많은 관제탑 중 어디에 발견되고 붙잡혀 지역 비행장으로 안내될지, 그리고 어디서 얼마나 많은 불시착을 하게 될지 결코 미리 확신할 수 없습니다. 예상이 시간 낭비가 되고, 그 예측을 믿을 수 없는 이유는 활주로와 관제탑 역시 똑같이 유영하는 패턴을 보이기 때문이에요. 선별된 단 하나의 트로피를 거머쥐기 위해 임시로 구축된 활주로와 관제탑은 하나의 사냥감을 쫓다가 임무가 완수되는 순간 폐쇄되곤 하죠. 아랍의 봄에서 홀로 군중을 소집해 타흐리르 광장을 며칠 동안 (임시 또는 즉석) 아고라로 바꾼 이 '알 샤히드(순교자)'는 누굴까요? 이전에 이 사람에 관한 이야기를 들어본 사람은 없습니다(이전에 이 사람은 그곳에 없었습니다). 인터넷 닉네임을 알 수 없는 광장에서 이 사람을 알아보는 사람도 없습니다(이 사람은 그곳에 없습니다)……. 그렇지만 핵심은 이것이 별로 중요하지 않다는 점이에요.

먼 곳과 가까운 곳, 여기와 저기의 구별은 사실상 유명무실해졌어요. 현실 공간이 사이버 공간으로 이동하며, 온라인 또는 방송의 — 지연될 수도 있는 상상력이 아닌 — 현실적 잠재력에 굴

성숙기에 이른 글로컬라이제이션

복한 결과죠. 이것이 바로 지역성에서 '중요도를 분리'하는 동시에 '의미를 추가'하는 과정인 글로컬라이제이션▪이 처음부터 목표로 삼은 조건입니다. 이런 조건이 무르익었음을, 아니 그보다 우리를 (밀거나 당겨서) 그런 조건으로 데려다 놓았음을 인정할 때가 온 거예요.

장소에서 중요도importance를 분리한다는 말은 그 장소의 상황과 잠재력, 충만함이나 공허함, 그곳에서 펼쳐지는 사건들과 그 사건이 끌어들이는 관중들을 더 이상 그곳만의 문제로 간주할 수 없음을 의미해요. 일을 꾀하는 것은 장소지만 (그리고 실제로도 그렇게 하지만) 그 일을 결정하는 것은 '흐름의 공간' 속을 돌아다니는, 알 수 없으며 통제되지 않고 다루기 힘든, 예측되지 않는 힘들입니다. 시작점은 여전히 지역에 있더라도 이제 그 결과는 전 지구에 미치는 거죠. 이것은 예측도 계획도, 그 힘이 발생한 장소나 관련된 다른 어떤 장소의 방향 설정도 끝내 미치지 않는 영역입니다. 이 힘들은 일단 발사되고 나면 — 악명 높은 '인텔리전트 미사일'처럼 — 오로지 단독으로 움직여요. 이 힘들은 '운명의 인질'이기도 합니다. 오늘날 이 힘들을 인질로 붙잡고 있는 운명은 기존의 모방 패턴을 받아들이기 위해 급하게 포장된 지

▪ 글로컬라이제이션(glocalization): 세계화를 의미하는 글로벌라이제이션(globalization)과 지역화를 의미하는 로컬라이제이션 (localization)의 합성어다.

지그문트 바우만, 소비사회와 교육을 말하다

역 활주로들이 경쟁을 계속하는 도중 끝없이 만들어졌다 사라지고, 만들어졌다 사라지곤 하지만 말입니다. 여기서 기존 공항들의 현재 위치를 표시한 지도나 순위는 전혀 중요하지 않습니다. 실제로는 존재하지 않는 세계적인 항공교통 통제 당국 같은 기관이 있다 해도 그런 기관은 아무 쓸모가 없죠. 현재 이런 역할을 담당하는 척하는 이들은 값비싼 교훈을 얻는 중입니다.

"정부가 어떤 발언을 할 때마다 현장의 사건들이 즉시 그 말을 뒤집는다. 미국과 이집트의 관계에 대한 모든 가정은 단 며칠 만에 뒤집혀버렸다."《뉴욕 타임스》는 이렇게 국제위기감시기구의 중동 및 북아프리카 책임자 로버트 맬리Robert Malley의 말을 인용했습니다. BBC 북아메리카 편집국장 마크 마델Mark Mardell은 이집트에 관해 다음과 같이 보도했죠. "미 국무장관 힐러리 클린턴Hillary Clinton은, 20년간 이집트 국가정보부장으로 있었으며 호스니 무바라크 대통령의 오른팔로 이집트의 새 부통령이 된 오마르 술레이만Omar Suleiman에게 전화를 걸어 더 민주적인 사회로 이행할 기회를 당장 잡아야 한다고 말했다. 이 이행은 지금부터 시작되어야 한다. 반정부 시위대를 공격한 폭력 사태에 큰 충격을 받은 클린턴은 배후를 조사해 책임을 물을 것을 촉구했다." 몇 시간 후에는 — 메르켈, 사르코지, 캐머런, 사파테로Jose Zapatero, 베를루스코니를 비롯해 — 유럽 핵심 국가의 정상들이 평소 같지 않은 만장일치로 힐러리 클린턴의 호소와 요구를 되풀이했어요. 하지만 한쪽에서 서구 정상들이 이런 말을 하고 있

성숙기에 이른 글로컬라이제이션

는 동안,《알자지라》방송 카메라는 '닥쳐라, 오바마!'라고 적힌 시위대의 플래카드를 찍었죠……. 장소의 의미significance — 장소의 중요도에 반비례하는 — 는 바로 이런 플래카드와, 이 플래카드를 들고 있는 사람들을 수용할 때 생겨납니다. 전 지구적인 공간에서 벌어지는 일들에 관여하기에는 너무 짧은 팔일지라도 지역을 포용하고 꼭 껴안는 한편, (나의 바람이지만) 사기꾼과 불청객을 밀어내기에는 충분합니다(또는 적어도 충분해 보입니다).

힐러리 클린턴의 발표로부터 하루 뒤,《뉴욕 타임스》는 미국 외교정책의 전면적 수정을 알렸어요. "오바마 정부는 수요일, 격동의 지역에서 한때 흔들림 없는 미국의 우방으로 간주되었던 무바라크 대통령과 되도록 거리를 두기로 결정한 듯 보인다."라고요. 글쎄요, 미국으로부터 멀리 떨어진 타흐리르 광장이라는 지역이 새롭게 발견된 자신의 의미를 활용하기로 결심하지 않았다면 세계열강으로서의 미국이 이토록 곡예와도 같은 급선회를 할 일은 없었을 겁니다. 예멘의 국회의원이자 반정부 인사인 샤우키 알 카디Shawki al-Qadi가 암시하는 대로 국민이 두려워하는 것은 정부가 아니에요. 이런 정부들은 '글로벌 세력'에게 권력을 넘긴 대가로 국민에 대한 의무에서 벗어났죠. 그는 말합니다. "상황은 반대가 되었다. 이제는 정부와 안보세력들이 국민을 두려워한다. 새로운 세대, 곧 인터넷 세대는 두려움을 모른다. 이들은 온전한 권리와 존엄성 있는 삶을 원한다." 글로컬라이제이션의 비논리적 논리가 작동함이 극적으로 드러나며, '세계 지도

지그문트 바우만, 소비사회와 교육을 말하다

자'를 자청하는 자들의 머릿속에는 — '글로벌 세력'들이 쥐어짜 만든 형태의 — 정부가 불안정으로부터 우리를 보호하기는커녕 불안정의 주요 원인이라는 인식이 각인되었습니다.

'글로컬라이제이션'은 서로 견딜 만한 공존의 생활양식을 절충해야 하는 일종의 혼인 동거에 붙여진 이름이에요. 결혼한 부부 대다수에게 '소음과 분노'는 무척 익숙하지만, 이혼은커녕 별거도 별로 현실적이거나 바람직한 대안은 아닌 까닭입니다. 글로컬라이제이션은 매혹과 혐오가 뒤섞인 애증 관계에 붙는 이름입니다. 더 근접하기를 갈망하는 사랑이 거리를 두기 바라는 증오와 뒤섞이죠. 마치 펜치처럼 두 날이 불가피하게 맞물려 있지 않았다면 이 관계는 자체의 모순 때문에 무너지고 말았을 겁니다. 전 지구적 보급로가 차단된다면 오늘날 장소의 자율적 정체성을 만드는 원료와 그 정체성을 지키는 장치가 모자라게 되겠죠. 한편 즉흥적으로 만들어지고 운영되는 지역 비행장이 없다면 글로벌 세력들이 착륙해 인원과 물자와 연료를 보충할 장소는 사라지고 말 겁니다. 이 둘은 동거의 운명을 타고났어요. 좋든 싫든 간에. 죽음이 둘을 갈라놓을 때까지.

성숙기에 이른 글로컬라이제이션

1   John Kotter, *The New Rules*(New York: Dutton, 1995), 159쪽. 본문의 강조는 저자 추가.

2   Riccardo Petrella, 'Une machine infernale', *Le Monde Diplomatique*, 1997년 6월, 17쪽.

3   Alberto Melucci, *The Playing Self : Person and Meaning in the Planetary Society*(Cambridge: Cambridge University Press, 1996), 43~44쪽.

4   Mauro Magatti, *Libertà immaginaria. Le illusioni del capitalismo tecno-nichilista*(Milan: Einaudi, 2009), 102쪽.

5   같은 책, 109쪽.

6   M. Panarari, *L'egemonia sottoculturale. L'Italia da Gramsci al gossip*(Milan: Einaudi, 2010).

7   T. De Mauro and D. Ianes(eds), *Giorni di scuola. Pagine di diario di chi ci crede ancora*(School days: Journal Pages of Those Who Still Believe in It) (Trento: Erikson, 2011).

8   M. Benasayag and G. Schmit, *Les passions tristes. Souffrance psychique et crise sociale*(Paris: La Découverte, 2003).

9   T. W. Adorno, *Minima Moralia: Reflections from Damaged Life*(London: New Left Books, 1974).

10   헨리 지루의 에세이 'Youth in the Era of Disposability'를 참조하라. (http://bad.eserver.org/issues/2011/Giroux-Youth.html)

11   *Le Monde*, 2011년 8월 28일 자.

12   'Bilan scolaire globalement negatif', *Le Monde*, 2011년 9월 6일 자.

13   Albert Bandura, *Self-Efficacy: The Exercise of Control*(New York: W. H. Freeman, 1997), 477쪽.

14   François Flahaut, *Où est passé le bien commun?* (Paris: Mille et Une Nuits, 2011).

15   Tim Jackson, *Prosperity Without Growth. Economics for a Finite*

Planet(London: Taylor & Francis, Earthscan, 2009).

16 아마르티아 센의 다음 에세이를 참조하라. 'Justice in the Global
   World', *Indigo*(2011년 겨울).

17 Michela Marzano, *Le fascism. Un encombrant retour?* (Paris: Larousse,
   2008), 174~176쪽.

18 아랍 국가들의 사회 정치적 불안이 폭발하기 직전의 정세를 요약한
   최근 글로는 알랭 모리스(Alain Morice)와 클레어 로디에(Claire
   Rodier)가 2010년 6월《르몽드 디플로마티크(Le Monde
   Diplomatique)》에 기고한 글을 참조하라.

19 André Grjebine, 'S'ouvrir à l'autre: oui. A son idéologie: non', *Le
   Monde*, 2011년 2월 26일 자.

20 Richard Sennett, 'Humanism', *Hedgehog Review*(2011년 여름),
   21~30쪽.

21 Zigmunt Bauman, *44 Letters from the Liquid Modern World*(Cambridge:
   Polity, 2010), 23쪽.

22 같은 책, 22쪽.

23 Massimo Recalcati, *Elogio del fallimento*(Gardolo: Efrickson, 2011),
   28~29쪽.

24 Edgar Morin, *Ma gauche*(Paris: Bourin, 2010), 130쪽.

25 Claudio Risé, *Guarda, tocca, vivi*(Milan: Sperling & Kupfer, 2011).

26 Thomas L. Friedman, 'A Theory of Everything (sort of)', *New York
   Times*, 2011년 8월 13일 자.

27 Sky News, 2011년 8월 12일 자.

28 Thomas A. Friedman, 'A Theory of Everything (sort of)', *New York
   Times*, 2011년 8월 13일 자.

29 Marco Belpoliti, *Senza vergogna*(Parma: Guanda, 2010), 22쪽.